AF447523

El camino hacia el éxito deportivo

Guía para deportistas principiantes

ASOCIACION GLOBAL DE DEPORTES INC

www.agdeportes.com

Fecha de Publicación: 26 de marzo del 2024

Derechos de Autor:

Dr. Ab. Paulo César Morocho Escandón
Mag. Ing. Rubén Patricio Tello Peña

Copyright ASOCIACION GLOBAL DE DEPORTES INC

ESTADOS UNIDOS DE AMERICA, SW 152 PL MIAMI, FL 33193

Nuestra dedicatoria es a todos los que caminamos en busca de nuestros sueños.

Prólogo

Bienvenido a "El camino hacia el éxito deportivo", una guía integral diseñada específicamente para los deportistas que están dando sus primeros pasos en el apasionante mundo del deporte profesional. Este libro está dedicado a todos aquellos que sueñan con alcanzar la grandeza en su disciplina deportiva, ya sea en el fútbol, baloncesto, tenis, atletismo u cualquier otra modalidad.

En estas páginas, encontrarás un tesoro de conocimientos, consejos prácticos y estrategias probadas que te guiarán en tu viaje hacia el éxito deportivo. Desde los fundamentos básicos del entrenamiento y la nutrición hasta las habilidades de gestión de marca y la construcción de relaciones profesionales, cada capítulo está diseñado para equiparte con las herramientas necesarias para destacar en tu deporte.

Sabemos que El camino hacia el éxito deportivo no es fácil. Requiere sacrificio, dedicación y una mentalidad de campeón. Pero también sabemos que, con la orientación adecuada y el trabajo arduo, cualquier meta es alcanzable. Este libro está aquí para servir como tu guía en ese viaje, inspirándote, motivándote y proporcionándote el conocimiento que necesitas para superar los desafíos que enfrentarás en el camino.

Ya sea que estés empezando tu carrera deportiva o buscando llevar tu juego al siguiente nivel, "El camino hacia el éxito deportivo" está aquí para ayudarte a alcanzar tus metas y cumplir tus sueños deportivos. Así que adelante, sumérgete en estas páginas, absorbe la sabiduría contenida en ellas y prepárate para iniciar tu viaje hacia la grandeza deportiva.

El éxito te está esperando, ¡comienza tu viaje hoy mismo!

Mensaje al deportista

En el mundo del deporte, cada paso que das, cada desafío que enfrentas y cada meta que alcanzas, forma parte de tu camino hacia la grandeza. En nuestra empresa, entendemos la importancia de ese viaje y estamos comprometidos a acompañarte en cada paso del camino.

El libro "El camino hacia el éxito deportivo" no es solo una guía, sino un faro de inspiración y conocimiento diseñado para elevar tu desempeño y desbloquear tu potencial máximo. Con páginas repletas de estrategias probadas, consejos prácticos y la sabiduría de expertos en la industria, este libro está destinado a convertirse en tu compañero constante en tu búsqueda de la excelencia deportiva.

Cada capítulo está meticulosamente elaborado para proporcionarte las herramientas necesarias para enfrentar cualquier desafío que encuentres en tu camino.

Nosotros, como empresa, nos comprometemos no solo a proporcionarte este recurso invaluable, sino también a estar a tu lado en cada paso de tu viaje. Tu éxito es nuestro éxito, y estamos aquí para apoyarte, inspirarte y ayudarte a alcanzar nuevas alturas en tu carrera deportiva.

Así que adelante, sumérgete en las páginas de este libro con una mente abierta y un corazón valiente. Permítenos ser tu guía mientras te embarcas en el emocionante viaje hacia el éxito deportivo.

¡El camino hacia la grandeza te espera, y estamos aquí para ayudarte a recorrerlo!

Mag. Ing. Rubén Patricio Tello Peña
PRESIDENTE Y FUNDADOR DE ASOCIACION GLOBAL DE DEPORTES INC

Introducción

En el vasto y competitivo mundo del deporte, cada deportista tiene su propia historia que contar. Desde los campos de fútbol hasta las pistas de atletismo, desde las canchas de baloncesto hasta los estadios de tenis, cada deportista vive una experiencia única llena de desafíos, triunfos y lecciones aprendidas. Sin embargo, detrás de cada éxito deportivo hay un camino trazado con esfuerzo, dedicación y determinación.

"El camino hacia el éxito deportivo" es mucho más que un libro; es una guía práctica diseñada para ayudar a los deportistas a alcanzar sus metas y aspiraciones en el mundo del deporte. Este libro está dirigido a aquellos que están dando sus primeros pasos en su carrera deportiva, así como a aquellos que ya están en el camino, pero buscan alcanzar nuevas alturas. Ya sea que sueñes con convertirte en un campeón mundial, representar a tu país en los Juegos Olímpicos o simplemente mejorar tu rendimiento en tu deporte favorito, este libro está aquí para guiarte en cada paso del camino.

Cada capítulo está diseñado para proporcionarte información práctica y consejos útiles que puedan aplicarse directamente a tu carrera deportiva.

Sabemos que el camino hacia el éxito deportivo puede ser difícil y lleno de desafíos, pero creemos firmemente que, con determinación, trabajo duro y la orientación adecuada, cualquier meta es alcanzable.

Así que te invitamos a sumergirte en estas páginas, a absorber la sabiduría contenida en ellas y a comenzar tu propio viaje hacia el éxito deportivo. No importa cuáles sean tus metas o qué deporte practiques, este libro está aquí para ayudarte a alcanzar tus sueños deportivos.

Índice

Presentación

El deporte sea cual fuere tiene un comportamiento muy similar, a veces pensamos que el futbol soccer es muy diferente del tenis, pero esta diferencia desde nuestro punto de vista es con relación a los movimientos del cuerpo, reglas del juego, organización de deportistas y habilidades. Pero, es indudable que todos los deportistas desde el que boxea hasta el que compite en una formula 1 tienen en común el desarrollo personal, la creación de una marca y desarrollo de sus técnicas y habilidades, elementos que se trabajan de la misma forma en todos los deportistas, lógicamente guardando las expresiones propias de cada deporte.

De forma que, este libro lo hemos organizado en secciones, como dijimos: el tenista, boxeador o el futbolista tiene las mismas necesidades personales que las vamos a tratar dentro de la sección personal, en donde veremos el trabajo con la mentalidad deportiva y la nutrición del deportista.

Más adelante están los capítulos relacionados con la sección de marca deportiva, en donde hablamos de la cimentaciones profesional y la identidad de marca, pues esto significa reconocimiento por su trabajo y aumento de ingresos para los deportistas, a esto le llamamos construcción de la marca deportiva y sobre este punto vamos a revisar cuatro pilares, que es ahí donde inicia la identificación de la marca del deportista, que para nosotros es el trabajo más importante del deportista en la generación de ingresos y, ¡sorpresa! no es el salario o sueldo que les pagan por ganar trofeos o jugar en equipos. En realidad, la Marca deportiva trata de como el deportista debe venderse ante su público, equipo, patrocinadores, medios etc., una palabra que muchos deportistas quieren evitar en su vida, pero es un hecho innegable que el que más gana dinero y reconocimiento no siempre es el mejor en sus habilidades deportivas sino **el que parece el mejor** (una estrategia de la gestión de marca).

A continuación, tenemos la sección de técnica deportiva, que en realidad es una sección que la hemos tratado de resumir al punto que el deportista entienda solo las principales directrices al respeto, ya que sobre este tema los preparadores físicos y entrenadores, junto al equipo multidisciplinario del deportista harán que este progreso sea efectivo, esta trata sobre el entrenamiento físico básico y el desarrollo de habilidades generales.

Por último y para finalizar tenemos la sección de negociaciones en donde vamos a referirnos a las principales negociaciones que tendrá que realizar el deportista principiante, nos referimos a ciertos acuerdos básicos y a la representación deportiva.

Sección A: Personal

En la travesía hacia el éxito deportivo, la construcción y el fortalecimiento del aspecto personal juegan un papel fundamental. La Sección A está dedicada a explorar los pilares fundamentales del desarrollo personal que son esenciales para cualquier deportista en su búsqueda de la grandeza. Desde cultivar una mentalidad deportiva positiva hasta nutrir tu cuerpo con la alimentación adecuada, esta sección te guiará en el camino hacia el crecimiento personal y el rendimiento óptimo en tu disciplina deportiva.

En el capítulo de **Mentalidad Deportiva** nos sumergimos en el poder de la mentalidad deportiva y cómo puede influir en tu rendimiento y en tu capacidad para superar desafíos. Exploramos conceptos como la mentalidad positiva, la resiliencia, la motivación, la autodisciplina y la mentalidad de aprendizaje, ofreciéndote herramientas prácticas para cultivar una mentalidad que te impulse hacia el éxito en el deporte y en la vida.

En el capítulo relacionado a la **Nutrición** que sabemos es un pilar fundamental del rendimiento deportivo, aquí abordamos la importancia de una alimentación equilibrada, la hidratación adecuada, la ingesta de nutrientes esenciales y la planificación de comidas para optimizar tu rendimiento atlético. También exploramos el papel de los suplementos en la dieta del deportista y cómo pueden complementar tus necesidades nutricionales para alcanzar tus metas deportivas.

A través de esta sección, te invitamos a explorar y fortalecer tu ser interior y tu bienestar físico, sentando las bases sólidas para tu éxito deportivo. Estamos emocionados de acompañarte en este viaje hacia la grandeza deportiva y esperamos que encuentres en estos capítulos la inspiración y los recursos necesarios para alcanzar tus objetivos deportivos y personales. ¡Que comience la transformación hacia tu mejor versión atlética y personal!

Mentalidad deportiva

Desde este momento te podemos decir que este capítulo cambiará tu perspectiva y te llevará en todo momento un paso más cerca de alcanzar la grandeza en el deporte. La mentalidad deportiva es el cimiento sobre el cual se erige todo éxito deportivo, y en las próximas páginas, te invitamos a explorar su poder transformador.

La verdadera esencia del deporte va más allá de las victorias en el campo; se encuentra en la resiliencia, la pasión y la determinación que definen a los deportistas excepcionales. Es la fuerza interior que impulsa a superar obstáculos, a levantarse después de las derrotas y a persistir en la búsqueda incansable de la excelencia.

Este capítulo es un viaje hacia la mente de un deportista que está comenzando sus pasos pero que desea llegar a ser de la élite, donde descubrirás los secretos de la Mentalidad Deportiva que separa a los campeones de los demás, esto se desarrolla con lo que llamamos el

Perfeccionamiento de la Mentalidad, que es un capítulo especial del libro para deportistas avanzados que lo encontramos en el libro **Elevando tu carrera deportiva**.

Así que, prepárate para sumergirte en un mundo de determinación inquebrantable, enfoque implacable y perseverancia incansable. Te garantizamos que, al final de este capítulo, te sentirás motivado, empoderado y listo para abrazar tu potencial deportivo al máximo.

Sé el arquitecto de tu propio éxito deportivo. La mentalidad deportiva te guiará en este emocionante viaje. ¡Vamos juntos a la conquista de tus metas deportivas!

Mentalidad positiva

Cultivar una actitud optimista es el primer cambio que debe instaurar el deportista en su vida profesional.

Muchas veces a los deportistas se les reconoce por tener esta mentalidad positiva, podemos decir que es un sello que los caracteriza, pero desde luego que esta se puede desarrollar por medio de los siguientes pasos:

Paso 1. Autoconciencia emocional: El primer paso para desarrollar una mentalidad positiva es la autoconciencia emocional. Los deportistas deben ser conscientes de sus pensamientos y emociones para identificar patrones negativos.

2. Reestructuración cognitiva: Una vez identificados los patrones negativos, es crucial reestructurar cognitivamente esos pensamientos. Esto implica cambiar las creencias limitantes por pensamientos más positivos y realistas.

3. Visualización positiva: La visualización positiva es una técnica poderosa que implica imaginar situaciones exitosas. Esto no solo aumenta la confianza, sino que también ayuda a prepararse mentalmente para el éxito.

4. Meditación y mindfulness: Practicar la meditación y el mindfulness puede ayudar a mantener un enfoque positivo y reducir el estrés. Estas técnicas promueven la claridad mental y la calma emocional.

Dentro de nuestra organización por años hemos diseñado un programa de recomendaciones profesionales para deportistas del fútbol, pero al pasar del tiempo, estas mismas recomendaciones se han podido aplicar de la misma forma en todas las actividades deportivas. Esta particularidad es claramente entendible porque no se trata de técnicas específicas de un deporte sino de condiciones que deben tener todos los deportistas de todas las disciplinas.

En este campo un rol importante lo tiene un coach deportivo con su **Coaching de entrenamiento de mentalidad deportivo (CEMED)** que no solo es un simple motivador, ni tampoco es un psicólogo deportivo, sino cumple con diferentes funciones, las principales funciones son:

1.- Estrategias para ejercitar la mentalidad: Estos profesionales proporcionan actividades con la finalidad de ejercitar la mentalidad del deportista.

2.- Desarrollo de resiliencia: La resiliencia es la capacidad de recuperarse de las adversidades. Los deportistas pueden beneficiarse del desarrollo de habilidades de resiliencia para mantener una mentalidad positiva frente a desafíos.

3.- Apoyo psicológico: En situaciones de alta presión, como competiciones importantes, contar con el apoyo de un psicólogo deportivo puede ser fundamental para mantener una mentalidad positiva y enfocada, si se carece de tal profesional el Coach cumplirá estas valiosas funciones.

Y todo esto por la importancia profesional de una mentalidad positiva que es esencial en el deporte de élite por varias razones:

- Mejor rendimiento: La confianza y el optimismo mejoran el rendimiento deportivo. Los deportistas con una mentalidad positiva tienden a enfrentar los desafíos con mayor determinación y persistencia.

- Resiliencia: Una mentalidad positiva fortalece la resiliencia un valor que lo veremos más adelante pero que permite a los deportistas recuperarse más rápido de las derrotas y mantener una actitud positiva en momentos difíciles.

- **Bienestar mental**: Mantener una mentalidad positiva contribuye al bienestar mental y emocional de los deportistas, lo que es esencial para un rendimiento sostenible a lo largo del tiempo.

Citas de revisiones científicas:

1. Según un estudio publicado en el **Journal of Applied Sport Psychology** (2015) por Jones et al., el entrenamiento de la mentalidad es un componente esencial del éxito deportivo y puede mejorar el rendimiento y la autoconfianza.

2. En un artículo de revisión en el **Journal of Sport Psychology in Action** (2018) por Hatzigeorgiadis et al., se destaca la importancia de la visualización positiva y el autocontrol emocional en el logro de objetivos deportivos.

Resiliencia

Sabemos que más importante que ganar es aprender a recuperarse de las derrotas y mantenerse fuerte en la adversidad, de ahí que es necesario seguir ciertos pasos para obtener una recuperación con mejores resultados:

1. Autoevaluación y reflexión: El primer paso para desarrollar resiliencia es la autoevaluación y la reflexión sobre las experiencias pasadas. Los deportistas deben comprender cómo han enfrentado desafíos en el pasado y qué estrategias han utilizado.

2. Establecimiento de objetivos realistas (SMART): Establecer metas realistas y alcanzables es esencial para mantener la motivación y la resiliencia. Las metas claras ayudan a los deportistas a mantenerse enfocados en su camino hacia el éxito.

3. Mantener una actitud positiva: Cultivar una actitud positiva y optimista es fundamental para enfrentar la adversidad. Los deportistas deben aprender a ver las derrotas como oportunidades de aprendizaje.

4. Aprender de las derrotas: En lugar de ver las derrotas como fracasos, es importante aprender de ellas. Analizar lo que salió mal y cómo se pueden mejorar las actuaciones futuras contribuye a la resiliencia.

Todo este trabajo lo desarrolla el Coaching de mentalidad deportiva, pero en un nivel de principiante muchas de las veces este rol lo cumple, la familia, un representante capacitado para ello, o bien, puede ser el mismo entorno del deportista. Por regla general en este nivel básico, este tipo de trabajo debe estar enfocado en los siguientes puntos:

- **Mentoría y apoyo:** Contar con un mentor o entrenador en mentalidad brinda apoyo emocional y consejos esenciales que son de gran ayuda para desarrollar la resiliencia.

- **Entrenamiento mental**: Incorporar técnicas de entrenamiento mental, como la visualización y la meditación, puede aumentar la resiliencia al mejorar la concentración y la autoconfianza.

La importancia profesional de la resiliencia es una habilidad fundamental en el deporte de élite por varias razones:

- **Afrontamiento de la adversidad**: Los deportistas se enfrentan a una variedad de desafíos, desde lesiones hasta derrotas inesperadas. La resiliencia les permite sobrellevar estas adversidades y continuar trabajando hacia sus metas.

- **Mantenimiento de la motivación**: La resiliencia ayuda a los deportistas a mantener su motivación incluso cuando se enfrentan a obstáculos. Esto es crucial para mantener un alto nivel de rendimiento a lo largo del tiempo.

- **Desarrollo del carácter**: Cultivar la resiliencia no solo tiene beneficios en el deporte, sino que también contribuye al desarrollo del carácter de los deportistas, lo que les ayuda en su vida después del deporte.

Citas de revisiones científicas:

1. Según un artículo en el **Journal of Sport and Exercise Psychology** (2017) por Fletcher y Sarkar, la resiliencia es una habilidad esencial en el deporte que contribuye al rendimiento y al bienestar emocional de los deportistas.

2. En un estudio publicado en el International **Journal of Sport and Exercise Psychology** (2019) por Morgan et al., se destaca la importancia de la autoevaluación y el establecimiento de metas realistas en el desarrollo de la resiliencia en deportistas.

Objetivos y motivación

La motivación nace y crece cuando el deportista encuentra la pasión, que a su vez está íntimamente relacionada con el cumplimiento de objetivos, de ahí que no se puede separar la motivación de los objetivos más en cambio se debe trabajar en conjunto.

Para ejemplificar mejor esta aseveración podemos decir que si queremos recuperar la motivación del deportista es invitarle a participar en una pequeña competencia sin trascendencia, esta victoria o posible victoria va a significar el retorno de la confianza de quien es el deportista, consecuentemente resultando en la recuperación de la pasión y todo esto se dio porque se cumplió con un objetivo participativo al parecer insípido, pero en realidad, cargado de un gran valor motivacional.

Para todo lo primero será el establecimiento de metas, de todos los sistemas que existen para empresas y personas, el mejor sistema para trabajar ello es el **Establecimiento de metas SMART.**

Este sistema establece metas específicas, medibles, alcanzables, relevantes y con un tiempo definido que ayuda a los deportistas a tener objetivos concretos y tangibles.

SMART es una metodología para definir objetivos, este es un acrónimo del inglés a través del cual se explican las características básicas de los objetivos que deben ser Específicos (Specific), measurable (Medibles), alcanzables (Achievable), realistas (Realistic) y de duración limitada (Time-bound).

Esta metodología no es un trabajo sensible, en la literatura deportiva y en la psicología existen grandes tratados sobre ello, para fines prácticos el deportista deberá empezar a trabajar en metas, no importando en este punto si son metas pequeñas o que parecen insignificantes, recuerden que con cada meta cumplida esta reforzara la motivación y la pasión, así que vamos a comenzar a trabajar en metas. Toda esta metodología de trabajo lo puedes obtener también en el programa de gestión de marca, en

donde trabajamos con ejercicios y estrategias para un correcto desarrollo de las **Metas SMART.**

Para ello hay que recordar que las metas deben ser muy, muy específicas, muchas veces los deportistas tienden a realizar metas como, por ejemplo: Quiero llegar a ser el mejor, esa meta carece totalmente de especificidad.

Luego la meta debe ser medible, en el mismo ejemplo pasado, ser el mejor no es medible.

Otro aspecto para considerar en las metas es que sea alcanzable, muchas veces vemos a los deportistas con metas demasiado lejanas de alcanzar, no decimos que sean imposibles de alcanzar, pero es mejor tener metas que sean alcanzables en un periodo de tiempo corto, por ejemplo, es mejor la meta que diga voy a quedar entre los primeros 3 competidores de la competencia de final de año, antes que decir voy a ser el mejor deportista del mundo algún día.

Y claro, en el punto de realista, el ejemplo pasado es más realista, alcanzable, específico lo que significa que podemos contar con apoyo, una motivación real porque sabemos que es posible y todo esto hace que crezca nuestra pasión.

Y por último en el ejemplo pasado dimos una duración limitada, estableciendo el final de año para nuestra meta, esto hace que comencemos consciente o inconsciente a realizar actividades con la finalidad de cumplir con esa meta en ese tiempo determinado.

Ahora está claro que en todo momento debe existir una **autoevaluación de metas.** En realidad, este es el primer paso para mantener la motivación, esto significa tener claridad sobre las metas personales. Los deportistas deben reflexionar sobre lo que quieren lograr y por qué es importante para ellos.

Y desde luego en todo momento estas metas hacen que mantengamos el **Enfoque en el proceso.** De ahí que, en lugar de centrarse exclusivamente en los resultados finales, es esencial que los deportistas se concentren en el proceso de mejora continua. Esto les permite disfrutar cada paso del camino y mantener la motivación a largo plazo.

Esta labor para el deportista principiante como dijimos bien puede ser llevado por él, pero si queremos hacerlo bien desde un inicio debemos considerar el entrenamiento especializado de un Coaching de entrenamiento de mentalidad deportivo (CEMED). Ya que como dijimos este es un mentor que motiva y guía al deportista en su trabajo en general.

Además, según como vaya alcanzado vamos a necesitar la implementación de técnicas más complejas que dan mejores resultados como son:

1. Entrenamiento mental activo
2. Técnicas de biofeedback
3. Técnicas de visualización
4. Entrenamiento con simulaciones realistas

Que, si bien son temas que los revisamos en el libro Elevando tu carrera deportiva en el capítulo relacionados con el **Perfeccionamiento de la Mentalidad**, es mejor en este punto que desde ahora empecemos a desarrollarlos con un seguimiento continuo.

De manera planificada nuestra empresa realiza el taller de lideres deportivos que es un programa en donde líderes experimentados ayudan a mantener alta la motivación y ofrecen orientación en este taller. Este taller es cerrado para un número limitado de deportistas y se realiza 2 veces al año en donde se trabaja sobre experiencias de lideres experimentados en un ambiente confidencial y de fraternidad.

La motivación es una cualidad esencial en el deporte profesional y de élite por varias razones:

- **Persistencia**: La motivación es lo que impulsa a los deportistas a entrenar y competir a pesar de las dificultades y obstáculos que puedan encontrar en su camino.

- **Consistencia**: La motivación constante es crucial para mantener un alto nivel de rendimiento a lo largo del tiempo.

- **Resiliencia**: La motivación ayuda a los deportistas a recuperarse de las derrotas y a seguir adelante con una actitud positiva.

Citas de revisiones científicas:

1. Un estudio en el **Journal of Applied Sport Psychology** (2018) por Vallerand y colleagues destaca la importancia de la motivación intrínseca en el deporte, que se basa en el interés y la satisfacción personal, como un factor clave para el rendimiento sostenible y la felicidad en el deporte.

2. En una revisión de la literatura publicada en el **Journal of Sport & Exercise Psychology** (2019) por Ryan y Deci, se resalta la necesidad de apoyar la motivación autodeterminada en los deportistas como un

medio para promover un compromiso duradero y un rendimiento excepcional.

Autodisciplina

Es establecer metas claras y mantener el compromiso de ejecutarlas, esta labor que no es nada simple lo podemos conseguir mediante la consecución de los siguientes objetivos

1. Establecimiento de metas claras: El primer paso para desarrollar la autodisciplina es definir metas deportivas (Nuestra recomendación es la metodología SMART). Estas metas proporcionan un sentido de dirección y propósito.

2. Planificación efectiva: Una planificación cuidadosa es fundamental para mantener la autodisciplina. Los deportistas deben crear programas de entrenamiento y rutinas que los ayuden a avanzar hacia sus objetivos.

3. Control de la atención: La autodisciplina implica mantener el enfoque en las tareas y objetivos importantes, evitando distracciones y procrastinación.

4. Resistencia a la tentación: Los deportistas deben aprender a resistir las tentaciones y las distracciones que puedan socavar su progreso.

Si bien la autodisciplina es un trabajo propio el Coaching de entrenamiento de mentalidad deportivo es de gran ayuda ya que puede proporcionar orientación y responsabilidad adicional para mantener la autodisciplina.

El establecer un plan de acción detallado, con hitos y plazos claros, ayuda a los deportistas a mantenerse enfocados en sus objetivos a largo plazo.

Y por último practicar la automotivación es esencial. Esto implica cultivar una mentalidad positiva y recordar constantemente las razones detrás de los objetivos.

Es necesario recalcar que la autodisciplina es un atributo esencial en el deporte profesional y de élite por diversas razones:

- **Consistencia**: La autodisciplina permite a los deportistas mantener un alto nivel de rendimiento a lo largo del tiempo, independientemente de las circunstancias.

- **Superación de desafíos**: Enfrentar y superar obstáculos es una parte integral del deporte, y la autodisciplina ayuda a los deportistas a mantenerse enfocados en sus objetivos incluso cuando enfrentan dificultades.

- **Éxito a largo plazo**: Los deportistas que pueden mantener la autodisciplina a lo largo de sus carreras tienen más posibilidades de alcanzar el éxito sostenible.

Citas de revisiones científicas:

1. Un estudio en el **Journal of Applied Psychology** (2017) por Duckworth y Seligman destacó la importancia de la autodisciplina como un predictor más sólido del éxito en comparación con el coeficiente intelectual (CI) o la habilidad natural. Esto respalda la idea de que la autodisciplina es esencial para el rendimiento deportivo.

2. En una revisión de la literatura publicada en el **Journal of Sport and Exercise Psychology** (2018) por Stambulova y Shishido, se enfatiza la necesidad de desarrollar la autodisciplina como parte integral de la preparación mental de los deportistas de élite.

Mentalidad de aprendizaje

Para nosotros significa ver en cada experiencia una oportunidad para crecer, si bien esto no siempre parece una visión sencilla, sin duda alguna en estos años de trabajo hemos podido definir un camino para lograr esta mentalidad de aprendizaje que es:

1. Aceptar la falibilidad: El primer paso para desarrollar una mentalidad de aprendizaje es aceptar que todos los deportistas, sin importar su nivel, cometen errores, fallan y enfrentan desafíos.

2. Abrazar la crítica constructiva: Los deportistas deben aprender a recibir críticas de manera constructiva, considerándolas como oportunidades para mejorar.

3. Enfocarse en el proceso: En lugar de obsesionarse con los resultados, una mentalidad de aprendizaje se centra en el proceso de mejora continua.

4. Persistencia y resiliencia: La capacidad de perseverar a pesar de los obstáculos y las derrotas es fundamental para desarrollar una mentalidad de aprendizaje.

El Coaching de entrenamiento de mentalidad deportivo (CEMED) junto al Taller de líderes de apoyo verdaderos mentores que promuevan la mentalidad de aprendizaje que es esencial en este mundo tan competitivo, en realidad podemos decir sin temor a equivocarnos que la profesión del deportista es la profesión más competitiva del mundo.

Fomentar la autorreflexión ayuda a los deportistas a identificar áreas de mejora y a aprender de sus experiencias.

Además de los objetivos de rendimiento, establecer metas específicas de desarrollo personal y deportivo fomenta una mentalidad de aprendizaje.

La mentalidad de aprendizaje es fundamental en el deporte profesional y de élite por varias razones:

- **Adaptabilidad:** En un entorno deportivo en constante cambio, los deportistas con mentalidad de aprendizaje son más capaces de adaptarse a nuevas técnicas y estrategias.

- **Mejora continua:** La búsqueda constante de la mejora personal es un componente clave del éxito en el deporte de alto nivel.

- **Resistencia a la presión**: Una mentalidad de aprendizaje ayuda a los deportistas a manejar la presión y las situaciones desafiantes con mayor tranquilidad.

Citas de revisiones científicas:

1. Un estudio publicado en el **Journal of Sport Psychology** (2019) por Dweck y Mueller destacó que los deportistas con una mentalidad de aprendizaje tienden a mantener una mayor motivación intrínseca y a buscar activamente oportunidades para crecer en su deporte.

2. En una revisión de la literatura en el **International Journal of Sports Science & Coaching** (2020) por Blackwell y Stambulova, se subraya que la mentalidad de aprendizaje es un factor clave para la adaptabilidad y la resiliencia en el deporte de élite.

Secreto deportivo que no es secreto

Muchas veces el deportista piensa que todo está bajo control, pero lo cierto es que nadie lo tiene y menos los deportistas. Sin embargo, andamos por la vida pensando que controlamos todo lo que hacemos, en un momento de la historia puede ser que eso sea

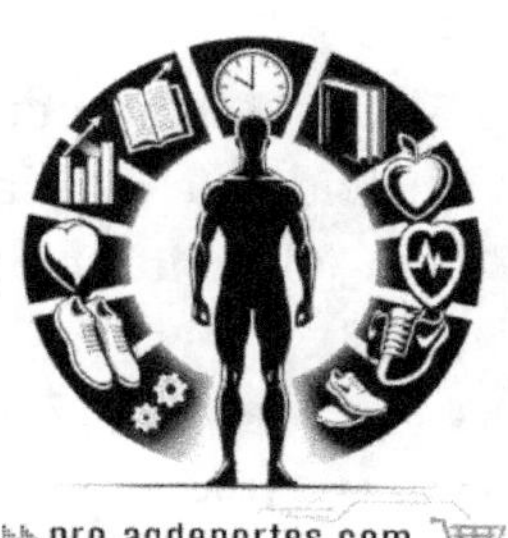

cierto, pero la presión del trabajo, las situaciones personales y profesionales de seguro alterarán nuestra mente.

De manera, que la pregunta correcta es: ¿Cuan afectada esta nuestra mentalidad?

La respuesta a esa pregunta tiene un engaño, porque nuestra mente nunca va a aceptar que está haciendo las cosas mal o que estamos cambiando, es más lo que la mente nos dirá es que: *todo está bajo control*, por eso es por lo que necesitamos de un Coach de mentalidad deportiva, que es una persona que nos ayuda a entender y enrumbar nuestra mentalidad para que tenga un mejor rendimiento deportivo.

Un deportista profesional necesita tener su mente al máximo del rendimiento, este le hara ganar dinero y cumplir metas.

Para tal nivel de rendimiento, lo primero que se debe crear es un constructo mental, esto se hace con la construcción de una rutina mental, este trabajo con el acompañamiento del Coach dura de 1 a 4 semanas, pero al final su mente tendrá claro cual es el camino profesional que debe seguir y cómo hacerlo.

Esta construcción mental es suficiente, desde luego que no, su mente podrá permanecer en calma y haciendo las cosas bien por un tiempo, pero sin darse cuenta de nuevo tomará un camino facilitista que está lleno de refuerzos inmediatos, enfocándose más en el placer y como por arte de magia de nuevo dirá no hay problema que *Todo está bajo control.*

Para todo este proceso de descontrol, lo que se recomienda después de un proceso de construcción es continuar con un proceso de rendimiento de mentalidad en donde controlamos a la mente deportiva mediante sesiones.

Aquí el deportista debe ser muy objetivo con la necesidad de sesiones de coaching, por un lado no queremos que la mente nos engañe diciendo que todo está bien y por otro lado tampoco queremos pasar todos los días conversando con un Coach.

El mejor secreto que no es un secreto es que es obligatorio primero hacer esta construcción de mentalidad con el coaching de mentalidad deportiva, luego se recomienda hacer al menos 1 sesión al mes por un periodo de un año. Muchas veces puede necesitar de más sesiones previo o después de ciertos eventos como ingreso a nuevas competiciones, entrevistas importantes, celebración de acuerdos, problemas de reputación, fallas en las competencias, etc.

En el sitio web pro.agdeportes.com va a encontrar la imagen del cerebro haciendo ejercicio, haga click en las ofertas de servicios y encontrará el paquete de construcción que es obligatorio ya que como dijimos sirve para construir esa mentalidad deportiva exitosa, y luego podrá adquirir los diferentes paquetes de sesiones, recuerde que los paquetes de más sesiones significan un precio menor por sesión, además de que le da la oportunidad de utilizar en un periodo extendido en caso de que no las utilice en un año.

Nutrición

Querido deportista imagina por un momento que tu cuerpo es una máquina de alto rendimiento. Cada entrenamiento, cada competencia, cada desafío que enfrentas es una oportunidad para poner en marcha esta máquina y alcanzar un nuevo nivel de excelencia deportiva. Pero ¿qué sucedería si no le proporcionaras el combustible adecuado?

En este capítulo, explorarás el fascinante mundo de la nutrición deportiva, un componente esencial en la búsqueda del éxito en tu carrera deportiva. Aquí, descubrirás cómo la alimentación adecuada influye en tu rendimiento deportivo, tu capacidad de recuperación y tu salud en general.

Entenderás que tu cuerpo es una obra maestra de la biología, y para que funcione de manera óptima, necesita los nutrientes adecuados en las cantidades correctas. La nutrición es la clave para maximizar tu energía, mantener la resistencia y acelerar tu progreso como deportista.

Nuestro objetivo es inspirarte a tomar el control de tu alimentación, a verla no como una obligación, sino como un aliado poderoso en tu búsqueda del éxito. Te demostraremos que no se trata solo de contar calorías, sino de abrazar la idea de que cada bocado que tomas puede acercarte a tus objetivos deportivos.

Recuerda, cada alimento que consumas tiene el potencial de impulsarte hacia tus metas deportivas. Tu cuerpo es tu aliado más valioso, y aprender a nutrirlo correctamente es esencial para tu éxito. El camino hacia el rendimiento deportivo de élite comienza con este capítulo, pero no te confíes por favor, esta sección da una visión general de la nutrición, cada deportista y cada deporte tiene exigencias nutricionales específicas, de ahí que este aprendizaje es apenas la visión general de lo que será la nutrición en tu carrera profesional.

Si en al terminar este capítulo sientes que se han tratado temas demasiado generales o que ya nos lo conocías te invitamos a que revises el libro Elevando tu carrera deportiva que trata el tema de **Nutrición Avanzada.**

pro.agdeportes.com

Así que, deportista, prepárate para explorar el poder de la nutrición deportiva y cómo puede impulsar tu carrera. Juntos, descubriremos cómo alimentar tus sueños y convertirte en un deportista de élite.

¡Adelante, comencemos a escribir el capítulo de tu éxito a través de la nutrición adecuada!

Alimentación equilibrada

La importancia de una dieta balanceada es fundamental para el desarrollo deportivo, si bien está claro que cada deporte y cada deportista necesita más o menos nutrientes según su actividad, es necesario que creemos una guía de trabajo al respecto que es la de organizarse en función de las siguientes acciones:

1. Evaluación de necesidades nutricionales: Antes de comenzar un plan de alimentación, es esencial evaluar las necesidades nutricionales individuales. Esto incluye considerar factores como la edad, el género, el tipo de deporte y el nivel de actividad.

2. Planificación de comidas balanceadas: Diseñar un plan de comidas que incluya una variedad de grupos de alimentos es fundamental. Esto garantiza la obtención de todos los nutrientes esenciales, como carbohidratos, proteínas, grasas, vitaminas y minerales.

3. Hidratación: Mantenerse hidratado es esencial para el rendimiento deportivo. Beber suficiente agua antes, durante y después del ejercicio es crucial.

4. Control de porciones: Controlar las porciones de alimentos es importante para evitar el exceso de calorías y mantener un peso corporal adecuado.

Una alimentación equilibrada desempeña un papel crítico en el rendimiento deportivo y la salud en general ya que logra una optimización del rendimiento. Los deportistas que consumen una dieta balanceada tienen más energía, una recuperación más rápida y pueden mantener un rendimiento constante durante los entrenamientos y competiciones.

Una alimentación adecuada proporciona los nutrientes necesarios para fortalecer los músculos, huesos y ligamentos, lo que reduce el riesgo de lesiones y promueve una recuperación eficiente. Los alimentos ricos en proteínas y carbohidratos facilitan la recuperación muscular después del ejercicio intenso.

Citas de investigaciones científicas:

1. Un estudio publicado en el International Journal of Sport Nutrition and Exercise Metabolism en 2017 ("**Nutritional Supplements and the Promotion of Muscle Growth with Resistance Exercise**") subraya la importancia de una alimentación adecuada en combinación con el ejercicio para el crecimiento muscular y el rendimiento deportivo.

2. La investigación de Burke et al. (2015) en el **British Journal of Sports Medicine** destaca la relevancia de la hidratación y la ingesta de carbohidratos en el rendimiento de los deportistas de resistencia.

Hidratación

Mantenerse bien hidratado para un rendimiento óptimo, no solo es algo indiscutible, pero en la práctica es una de las actividades que más deficiencia hemos visto en los deportistas que hemos asesorado.

El problema es tan serio que muchas de las veces hemos visto en la necesidad de establecer acciones radicales como la de tener en todo momento agua o suero oral al alcance del deportista. Para ello queremos dejar presente lo siguiente:

1. Conciencia de la hidratación personal: Cada deportista tiene necesidades de hidratación individuales. Comprender cuánto sudamos y cuánto líquido perdemos durante el ejercicio es esencial para determinar la cantidad de líquido que debemos consumir.

2. Planificación de la hidratación: Antes, durante y después del ejercicio, es necesario planificar cuándo y cuánto beber. Esto incluye la ingesta gradual de líquidos antes del ejercicio, la reposición continua durante el ejercicio y la recuperación adecuada después del mismo.

3. Elección de bebidas: Las bebidas deportivas que contienen electrolitos y carbohidratos pueden ser beneficiosas durante entrenamientos prolongados o intensos. Sin embargo, para sesiones de ejercicio más cortas y moderadas, el agua suele ser suficiente.

4. Monitorización de la hidratación: Pesar antes y después del ejercicio puede ayudar a los deportistas a evaluar la pérdida de líquidos y la necesidad de rehidratación.

La hidratación adecuada es un componente fundamental del rendimiento deportivo y la salud general pues ayuda a la regulación de la temperatura corporal, lo que es crucial para evitar el agotamiento por calor.

Su ayuda es fundamental para la prevención de calambres musculares, que pueden afectar negativamente el rendimiento deportivo.

Y como dato importante hemos visto que la falta de hidratación adecuada puede llevar a la fatiga y afectar la concentración y la toma de decisiones durante la competición.

Citas de investigaciones científicas:

1. Un estudio publicado en el Journal of the International Society of Sports Nutrition en 2017 ("**Hydration in Athletes: Research and Recommendations**") subraya la importancia de la hidratación adecuada en el rendimiento deportivo y la prevención de problemas relacionados con la deshidratación.

2. La investigación de Casa et al. (2000) en el **New England Journal of Medicine** enfatiza la relevancia de la hidratación en la prevención del golpe de calor durante el ejercicio intenso en condiciones de calor.

Nutrientes esenciales

Los nutrientes clave para los deportistas principiantes es un tema de gran análisis y discusión de profesionales en la nutrición deportiva, por lo que en esta guía que es un resumen de estos temas tan complejos, además, queremos sentar un precedente de guía al deportista basado en que muchos de ellos no conocen sobre estos temas y para un desarrollo profesional es indispensable que este tenga un conocimiento general sobre los nutrientes que el deportista necesita.

1. Hidratos de carbono: Los deportistas principiantes deben asegurarse de obtener una cantidad adecuada de carbohidratos en su dieta. Estos nutrientes proporcionan energía rápida y sostenida, esenciales para el rendimiento deportivo.

2. Proteínas: Las proteínas son esenciales para la reparación y construcción muscular. Los deportistas principiantes deben incluir fuentes magras de proteína en su alimentación diaria.

3. Grasas saludables: Las grasas saludables, como las encontradas en aguacates y nueces, son importantes para la función celular y la energía a largo plazo. No deben ser excluidas de la dieta.

4. Vitaminas y minerales: Asegurarse de obtener una amplia variedad de vitaminas y minerales es esencial para mantener un buen estado de salud y optimizar el rendimiento deportivo.

Las recomendaciones profesionales generales en este sentido se orientan a que el deportista tenga una planificación de comidas, además deben aprender a planificar comidas equilibradas que incluyan una combinación adecuada de carbohidratos, proteínas y grasas.

La nutrición adecuada desempeña un papel fundamental en el éxito deportivo pues proporciona energía y promueve la recuperación. Los carbohidratos proporcionan la energía necesaria para el rendimiento deportivo, mientras que las proteínas ayudan en la recuperación y el desarrollo muscular.

Una dieta equilibrada ayuda a prevenir lesiones al mantener los músculos y huesos fuertes y promover la salud en general.

La nutrición adecuada también influye en el rendimiento mental, incluida la concentración y la toma de decisiones en el campo o la cancha.

Citas de investigaciones científicas:

1. Un estudio publicado en el Journal of the International Society of Sports Nutrition en 2018 ("**Nutrition for Athletes**") destaca la importancia de una nutrición adecuada para mejorar el rendimiento y la recuperación de los deportistas.

2. La investigación de Thomas et al. (2016) en el **European Journal of Sport Science** subraya la relación entre la nutrición y la prevención de lesiones en deportistas.

Planificación de comidas

La comida de un deportista difiere de forma abismal de una comida común de las personas. Estas diferencias no tienen relación directamente con la cantidad sino más bien con los objetivos del deportista.

Es en este punto que la planificación de las comidas adquiere un matiz totalmente diferente al que conocen muchos deportistas, por lo que es necesario que el deportista principiante empiece a tener lineamientos de trabajo al respecto tales como:

1. Establecimiento de objetivos nutricionales: Antes de comenzar cualquier plan de alimentación, es fundamental que los deportistas principiantes establezcan objetivos claros. Esto podría incluir metas de rendimiento, de composición corporal o de salud en general.

2. Equilibrio nutricional: La planificación de comidas debe incluir un equilibrio adecuado de carbohidratos, proteínas y grasas. Los carbohidratos proporcionan energía, las proteínas apoyan la recuperación muscular y las grasas son esenciales para la salud y el rendimiento a largo plazo.

3. Frecuencia de comidas: Dividir las comidas en porciones más pequeñas y consumirlas con mayor frecuencia puede ayudar a mantener niveles de energía estables y a evitar la fatiga.

4. Hidratación: La hidratación adecuada también es parte integral de la planificación de comidas. Beber suficiente agua antes, durante y después del ejercicio es esencial.

Nuestras recomendaciones ante esta planificación son:

- **Consulta a un nutricionista:** Los deportistas principiantes pueden beneficiarse enormemente de la orientación de un nutricionista deportivo. Este profesional puede diseñar un plan de alimentación específico para sus necesidades y objetivos individuales.

- **Suplementación responsable:** Es importante que cualquier suplementación se realice bajo la supervisión de un profesional de la salud. No todos los deportistas principiantes requieren suplementos, y su uso debe basarse en las necesidades y deficiencias específicas.

La planificación de comidas adecuada es esencial para los deportistas principiantes porque logra una optimización del rendimiento. Una dieta bien estructurada proporciona la energía y los nutrientes necesarios para un rendimiento deportivo óptimo.

Para aquellos deportistas con objetivos específicos de composición corporal, la planificación de comidas puede ayudar a lograr una distribución adecuada de masa muscular y grasa.

Citas de investigaciones científicas:

1. Un estudio publicado en el International Journal of Sport Nutrition and Exercise Metabolism en 2014 ("**Nutrition for Athletes**") destaca la importancia de una planificación de comidas adecuada para el rendimiento deportivo y la recuperación.

2. La investigación de Burke et al. (2016) en el **Journal of Science and Medicine in Sport** enfatiza cómo la estrategia de alimentación puede afectar significativamente el rendimiento en deportes específicos.

Suplementos nutricionales

Este quizás es unos de los temas de mayor controversia entre los deportistas.

Muchas veces hemos visto a deportistas automedicarse con suplementos deportivas de forma indiscriminada, lo que significa, no solo una alimentación inadecuada sino un daño en su salud, por lo que es necesario:

1. Educación: El primer paso para los deportistas principiantes es educarse sobre los suplementos disponibles en el mercado. Comprender sus ingredientes, usos y posibles efectos secundarios es crucial.

2. Evaluación de necesidades: Los suplementos deben ser considerados solo cuando las necesidades nutricionales no pueden ser satisfechas adecuadamente a través de la alimentación regular. Un enfoque en la comida real es fundamental.

3. Consultar con un profesional: Antes de tomar cualquier suplemento, es esencial consultar con un nutricionista deportivo o profesional de la salud. Estos expertos pueden evaluar las necesidades individuales y proporcionar orientación específica.

4. Evaluación individualizada: Cada deportista principiante tiene necesidades nutricionales únicas. Un enfoque personalizado es esencial para determinar si se necesita un suplemento y cuál sería el más adecuado.

5. Priorizar la alimentación: Los suplementos no deben reemplazar una alimentación adecuada. La comida real es la fuente preferida de nutrientes.

El uso de suplementos nutricionales en deportistas principiantes debe abordarse con seriedad y responsabilidad debido a que algunos suplementos pueden tener efectos secundarios o interactuar con medicamentos. La supervisión profesional ayuda a garantizar la seguridad.

No todos los suplementos son igualmente efectivos, y su eficacia puede variar según las necesidades individuales. Un enfoque personalizado maximiza los beneficios.

La industria de los suplementos no está estrictamente regulada, lo que significa que la calidad y la pureza pueden variar. Un profesional puede recomendar productos confiables.

Citas de investigaciones científicas:

1. Un estudio publicado en el International Journal of Sport Nutrition and Exercise Metabolism en 2020 ("**Dietary Supplement Use by Athletes: A Systematic Review and Meta-Analysis of Multivitamin, Mineral and Antioxidant Supplementation**") des-

taca la necesidad de una evaluación cuidadosa y basada en la evidencia antes de considerar el uso de suplementos.

2. La investigación de Maughan et al. (2018) en el **International Journal of Sport Nutrition and Exercise Metabolism** enfatiza la importancia de que los deportistas principiantes reciban asesoramiento profesional sobre el uso de suplementos.

Sección B: Construcción de la marca

En esta sección nos adentramos en el fascinante mundo de la construcción de marca para deportistas. En esta sección, exploraremos los fundamentos esenciales para construir y promover tu marca personal como deportista, proporcionándote las herramientas y estrategias necesarias para destacarte en el competitivo mundo del deporte.

Muchas veces los deportistas principiantes no comprenden la importancia de esta sección porque su preocupación del momento está en la de suplir las necesidades básicas, pero para nosotros que deseamos edificar a un profesional lo tomamos como el verdadero primer paso para su construcción profesional. Pero si ya sabes el camino de esta gestión y lo que buscas es dar un salto cuántico te recomendamos toda la sección B que trata sobre la **Gestión de Marca** en el libro **Elevando tu carrera deportiva**, en donde encontraras conceptos más profundos que los señalados a continuación, pero antes por favor revísalos con cuidado que la mayoría de los deportistas desean tener una marca sólida profesional, pero ni siquiera siguen los conceptos básicos de gestión que vemos en este libro.

De ahí que, si haces todo, absolutamente todo de las recomendaciones de esta sección de construcción de la marca, sáltate a revisar nuestro libro para deportistas avanzados, caso contrario vas a tener serios y profundos problemas con tu marca.

Hay una frase que siempre repetimos a los profesionales que es la siguiente:

" El mejor deportista no siempre es el que recibe el reconocimiento, gana la mayor cantidad de dinero o recibe el cariño de la afición, sino muchas veces, el que gana todo eso, es el deportista que parece el mejor sin realmente serlo."

Muy a menudo los deportistas hacen grandes esfuerzos por subir su nivel técnico, personal o lo referente a negociaciones con la intensión de recibir ese reconocimiento social, económico o de patrocinio, pero lo cierto es que, en este mundo de negocios, marketing, redes sociales, no todo lo que parece es cierto, de ahí que muchas veces hay que *parecer* para que se den cuenta de nuestra existencia y capacidad.

Es necesario recalcar que la construcción de una imagen profesional en el deporte es de suma importancia pues con esta logramos generar:

- **Atracción de patrocinadores:** Una imagen positiva y profesional atrae patrocinadores y acuerdos comerciales lucrativos.

- **Impacto en la carrera**: La forma en que un deportista se presenta tiene un impacto directo en su carrera y en su legado.

- **Influencia en los fans**: Una imagen sólida genera lealtad de los fanáticos y una base de seguidores sólida.

Si bien la construcción parece un trabajo estático, es necesario que el deportista tenga claro que para construir al profesional que desea, este debe realizar cambios, en donde muchos de ellos significaran verdaderos sacrificios personales, familiares, sociales e incluso culturales, significando una destrucción de relaciones, comportamientos, actividades que son normales para personas comunes y corrientes, pero toda esta destrucción lo que busca es abrir camino, esta aparente destrucción será como limpiar el terreno para empezar a cavar profundo y comenzar con la fundición. De la misma forma que un edificio que desea crecer por alto necesita los mejores cimientos, en la carrera deportiva hemos determinado la necesidad de cimentar 4 pilares indispensables para edificar a ese profesional que desea ser.

En el capítulo de **Compromiso** que es el pilar sobre el cual se construye toda gran carrera deportiva, exploraremos la importancia de comprometerse con tu deporte, tu equipo y tu desarrollo personal como deportista profesional. Desde mantener relaciones profesionales con entrenadores y compañeros de equipo hasta comportarte de manera ejemplar dentro y fuera del campo, descubrirás cómo el compromiso es clave para alcanzar tus metas deportivas.

En el capítulo de **Profesionalismo** profundizaremos en lo que significa ser un deportista profesional, desde la relación con entrenadores y compañeros de equipo hasta tu comportamiento fuera del campo. Aprenderás cómo representarte a ti mismo de manera profesional y cómo gestionar el patrocinio de manera ética y efectiva.

En lo referente al **Comportamiento** veremos cómo gestionar tu representación personal y el patrocinio de manera estratégica y efectiva. Aprenderás la importancia de mantener una imagen pública sólida y cómo utilizar estrategias de marketing personal para destacarte en el mundo del deporte.

En la **Comunicación Efectiva** revisaremos las habilidades de comunicación necesarias para tener éxito en el deporte, desde la comunicación con entrenadores y compañeros de equipo hasta las entrevistas con los medios. Aprenderás cómo utilizar la comunicación no verbal y cómo gestionar tu presencia mediática de manera efectiva.

Y finalmente en capítulo de **Identidad de la Marca** trabajaremos en cómo posicionarte globalmente como deportista, desarrollar una marca personal sólida y gestionar tu imagen pública de manera estratégica. Aprenderás sobre las diferentes estrategias de marketing personal y cómo crear y gestionar tu propio sitio web como deportista.

Está claro ahora, que antes de la construcción de la imagen y marca que vemos muy a menudo en los deportistas, es necesario construir esos cimientos, que no solo deben ser meras descripciones, sino que serán los sostenes de su profesión. Mientras lean acerca de estos pilares llegaran a su mente gran cantidad de ejemplos y casos en donde las fallas en estos pilares hicieron que la carrera de un deportista que tenía potencial se cayera para siempre, significando su destrucción profesional.

De ahí que este trabajo no es nada simple, es más este es realizado de forma personal por nuestro **Servicio de gestión de marca** o bien puede ser aprendido por el programa de autoestudio completo que hemos diseñado que se llama **Programa de gestión de marca deportiva.**

Esta gestión lo que busca la final es:

-Definir la identidad única de la marca del deportista.

-Creación y manejo de marca.

-Gestión de redes sociales.

-Comunicación del deportista

-Formación profesional que incluye formación ética y social del deportista.

Ahora bien, ya que hemos definido que es lo que queremos al final, esto es como si un arquitecto supiera que es lo que quiere el cliente, esto significa que el camino recién inicia, ya que lo primero que vamos a realizar es la cimentación en la cual se va a sostener esta edificación profesional. De ahí que todo arquitecto sabe que esta quizás sea una de las partes más importantes del proyecto, ya que sin una buena cimentación lo que estaremos construyendo será solo un castillo de naipes, que a la primera brisa se caerá, pero desde luego lo que queremos es construir un edificio tan majestuoso que la gente se detenga para admirarlo con detenimiento.

Para ello en el programa hemos realizado en el estudio de estos 4 pilares una lectura de reflexión, planes y estrategias para cada pilar y frases inspiradoras para que el deportista las tenga presente en todo momento.

Consecuentemente esto se logra con 4 pilares en los que se sostiene la identidad deportiva de la marca que son:

-Pilar I: Compromiso.

-Pilar II: Profesionalismo.

-Pilar III: Comportamiento.

-Pilar IV: Comunicación efectiva.

¡Entonces manos a la obra!

Pilar I: Compromiso

El compromiso deportivo es como dijimos un pilar fundamental en la carrera de cualquier deportista que aspire a alcanzar el éxito en su disciplina. En el subcapítulo se exploran cinco elementos esenciales que sustentan este valor.

Estos elementos son: la dedicación constante, la motivación intrínseca, la mentalidad resiliente, la responsabilidad personal y el trabajo en equipo y apoyo. A través de un análisis simple, pero practico vamos a comprender cómo cada uno de ellos contribuyen al éxito y la identidad de marca de un deportista:

1. Dedicación constante

Aquí la clave es la mejora continua.

Este primer elemento subraya la importancia de la consistencia en el trabajo deportivo, y no nos referimos solo al entrenamiento, sino a cada uno de los aspectos que engloban la vida deportiva que los hemos estructurados en estos capítulos.

Los deportistas comprometidos comprenden que el éxito no se logra de la noche a la mañana, sino a través de un esfuerzo sostenido a lo largo del tiempo.

Mantener una rutina de todas las recomendaciones de este libro, incluso en los momentos en que no se está compitiendo, es fundamental para el desarrollo y la mejora continua.

2. Motivación intrínseca

La motivación es para el deportista lo que el motor es para un vehículo.

El segundo elemento, la motivación intrínseca, es descrita como la fuerza interna que impulsa a los deportistas a superar obstáculos y esforzarse constantemente.

Para nosotros la pasión profunda por el deporte y la presencia de metas personales sólidas en el deportista son componentes fundamentales de esta motivación.

A diferencia de la motivación externa, la intrínseca proviene del corazón del deportista y es una fuente inagotable de energía. Esta pasión es lo que impulsa a los deportistas a seguir adelante incluso cuando los desafíos parecen insuperables.

3. Mentalidad resiliente

Es superar obstáculos con dignidad.

El tercer elemento, la mentalidad resiliente, se destaca como un componente vital del compromiso deportivo, ya que permite a los deportistas enfrentarse a desafíos, derrotas y momentos difíciles a lo largo de sus carreras.

La resiliencia es la capacidad de recuperarse de estas adversidades y seguir adelante con dignidad. En lugar de rendirse ante la derrota, los deportistas comprometidos utilizan estos momentos como oportunidades de aprendizaje y crecimiento. La mentalidad resiliente les permite superar obstáculos y convertirse en deportistas más fuertes y resolutivos.

4. Responsabilidad personal

Es necesario que el deportista tenga claro que es el quien forja su propio destino.

El cuarto elemento resalta la importancia de la responsabilidad personal en el compromiso deportivo.

Los deportistas comprometidos son conscientes de que son los principales responsables de su desarrollo y rendimiento, esto incluye seguir un plan de Gestión de Marca Deportiva, mantener una ética de trabajo sólida y asumir la responsabilidad de sus acciones tanto dentro como fuera del campo.

Esta responsabilidad personal les permite mantener el control sobre su carrera y forjar su propio destino en el deporte.

5. Trabajo en equipo y apoyo

Finalmente, el quinto elemento hace hincapié en que, aunque el compromiso deportivo es una responsabilidad individual, el apoyo y la colaboración con compañeros de equipo, entrenadores y personal de apoyo son cruciales.

Trabajar juntos en busca de objetivos comunes fortalece el compromiso y mejora el rendimiento. La sinergia que se crea dentro de un equipo cohesionado es un factor determinante en el éxito de un deportista y su identidad de marca.

Los deportistas comprometidos comprenden que el camino hacia el éxito está pavimentado con esfuerzo, pasión y resiliencia, y están dispuestos a recorrerlo con determinación.

Citas de revisiones científicas:

1: **The Relationship Between Commitment and Performance in Collegiate Soccer Players**". Este estudio encontró una fuerte correlación positiva entre el compromiso de los jugadores de fútbol universitario y su rendimiento en el campo. Los jugadores que mostraban un compromiso más alto, tanto en términos de tiempo dedicado al entrenamiento como de actitud positiva hacia el equipo, tendían a tener un mejor desempeño en los partidos.

2: "**The Role of Commitment in Sports: Comparison of Young Tennis and Chess Players**". En este estudio se compararon jugadores jóvenes de tenis y ajedrez en términos de su compromiso con el deporte. Se encontró que los jugadores de tenis que estaban más comprometidos con su deporte tendían a mejorar su ranking en el tiempo, mientras que, en el ajedrez, el compromiso no tenía un impacto tan significativo en la mejora del ranking. Esto sugiere que el compromiso puede desempeñar un papel crucial en el éxito de ciertos deportes.

3: "**Commitment and Performance in Professional Athletes**". En este estudio que se centró en deportistas profesionales, se descubrió que el compromiso estaba fuertemente relacionado con el rendimiento deportivo a lo largo de sus carreras. Los deportistas que mostraban un alto grado de compromiso con su deporte, que incluía la dedicación al entrenamiento, la adherencia a una ética de trabajo sólida y la perseverancia a pesar de los desafíos, tendían a tener carreras más exitosas y duraderas en sus respectivos deportes.

Pilar II: Profesionalismo

Estimado deportista comprometido con la excelencia que va más allá de tus habilidades en el campo de juego. Tu conducta, tu imagen y tu profesionalismo son pilares fundamentales que te llevarán hacia la grandeza o te mantendrán en la mediocridad. En este revelador capítulo, exploraremos el fascinante mundo de la etiqueta y el profesionalismo en el deporte, y descubrirás por qué son tan cruciales para alcanzar tus metas.

Imagina un escenario en el que cada acción tuya, dentro y fuera del campo, tenga un impacto directo en tu carrera deportiva. Tu conducta, tu relación con entrenadores y compañeros de equipo, tu interacción con los medios de comunicación y tu comportamiento fuera del entorno deportivo son elementos que construyen tu imagen como deportista. Cada decisión que tomes y cada palabra que pronuncies influye en tu reputación y en las oportunidades que se presenten ante ti.

En este capítulo, te sumergirás en el mundo del profesionalismo deportivo, donde aprenderás a comportarte con gracia, respeto y ética en todas las situaciones. Descubrirás por qué el respeto hacia tus entrenadores y compañeros de equipo es esencial para el éxito de tu equipo, y cómo tu relación con los medios de comunicación puede moldear la percepción que el público tiene de ti.

Pero no solo se trata de comportamiento en el campo; también exploraremos cómo tu conducta fuera del entorno deportivo puede influir en tu carrera. Desde tus interacciones en redes sociales hasta tus elecciones personales, todo contribuye a la construcción de tu marca personal como deportista.

Recuerda, la excelencia en el deporte va más allá de las estadísticas y los logros. Tu profesionalismo y tu etiqueta son tu tarjeta de presentación en el mundo deportivo y pueden abrir puertas que ni siquiera sabías que existían. Este capítulo te inspirará a ser un verdadero embajador de tu deporte y a construir una imagen que te catapulte hacia el éxito profesional.

Así que, deportista comprometido, prepárate para descubrir cómo tu comportamiento y tu profesionalismo pueden ser tus aliados más poderosos en tu camino hacia la grandeza deportiva. Este capítulo es una invitación a ser un deportista completo, donde el respeto, la ética y el compromiso son las claves del éxito.

¡Bienvenido a un viaje emocionante hacia la excelencia deportiva y el profesionalismo que te llevará un paso más cerca de tus sueños!

Ser profesional

Ser profesional en el deporte es esencial para el éxito sostenible de los deportistas. Implica más que simplemente desempeñarse bien en la cancha; también se refiere a cómo los deportistas se comportan dentro y fuera del campo de juego. Algunos aspectos clave que incluyen son:

1. Respeto: El respeto hacia los compañeros de equipo, oponentes, entrenadores, árbitros y aficionados es fundamental. Se refleja en la cortesía, la deportividad y el trato justo hacia todos los involucrados.

2. Ética: La ética deportiva implica jugar limpio, sin hacer trampa ni recurrir a comportamientos desleales. Los deportistas éticos toman decisiones basadas en valores y principios sólidos.

3. Integridad: La integridad se relaciona con la honestidad y la coherencia en la toma de decisiones. Los deportistas deben mantener la integridad personal y profesional en todo momento.

A continuación, veremos los comportamientos profesionales más característicos:

- **Conciencia de las reglas**: Los deportistas deben comprender y respetar las reglas del juego y las normativas éticas establecidas por sus organizaciones deportivas.

- **Autocontrol**: La capacidad de mantener la calma bajo presión y evitar reacciones emocionales negativas es esencial para un comportamiento profesional.

- **Liderazgo positivo**: Los deportistas pueden influir en sus compañeros de equipo y la comunidad deportiva en general al mostrar un liderazgo positivo y ejemplar.

El comportamiento profesional no solo afecta la reputación del deportista, sino que también puede tener un impacto en su carrera a largo plazo.

Los deportistas que se destacan por su comportamiento ético y respetuoso a menudo ganan el respeto y el apoyo de los patrocinadores, aficionados y organizaciones deportivas, lo que significa mayores ingresos y la presentación de mejores oportunidades.

Citas de investigaciones científicas:

1. Un estudio publicado en **el Journal of Sport and Exercise Psychology** (2018) analiza cómo el comportamiento profesional y ético en el deporte puede influir en el rendimiento y la satisfacción del deportista.

2. La investigación "**Ethics and Professionalism in Sport Management: A Content Analysis of National Sport Management Association Code of Ethics**" de Elizabeth A. Taylor (2017) explora la importancia

de la ética y el comportamiento profesional en la gestión de Marca.

Relaciones con entrenadores

La relación entre el deportista y el entrenador o entrenadores son un componente fundamental del éxito en el deporte. Mantener una relación profesional con los entrenadores es esencial para el desarrollo deportivo y la consecución de metas. Algunos aspectos clave incluyen:

1. Comunicación abierta: Establecer una comunicación efectiva es crucial. Los deportistas deben expresar sus necesidades, expectativas y preocupaciones de manera clara y respetuosa.

2. Respeto mutuo: Tanto los deportistas como los entrenadores deben mostrar un alto nivel de respeto mutuo. Esto incluye reconocer la experiencia y la autoridad del entrenador, así como el compromiso y el esfuerzo del deportista.

3. Colaboración: Trabajar juntos como un equipo es esencial. Los deportistas deben estar dispuestos a aprender de sus entrenadores y a seguir sus instrucciones para mejorar su rendimiento.

Pasos para mantener una relación profesional:

- **Establecer expectativas claras:** Desde el principio, tanto el deportista como el entrenador deben definir claramente sus roles, objetivos y expectativas mutuas.

- **Escucha activa**: Los deportistas deben estar dispuestos a escuchar y aprender de sus entrenadores. La retroalimentación constructiva es una parte crucial del proceso de desarrollo.

- **Resolución de conflictos**: Cuando surgen desacuerdos o conflictos, es importante abordarlos de manera respetuosa y constructiva. Buscar soluciones en lugar de culpar es clave para mantener una relación profesional.

Una relación sólida entre deportista y entrenador puede impulsar el rendimiento deportivo, ya que se basa en la confianza y la colaboración.

Los entrenadores desempeñan un papel importante en el desarrollo personal de los deportistas, enseñándoles habilidades tanto dentro como fuera del campo.

Las relaciones profesionales sólidas pueden llevar al éxito continuo en la carrera deportiva de un deportista, lo que a su vez puede generar oportunidades de patrocinio y reconocimiento.

Citas de investigaciones científicas:

1. El artículo **"Effective Communication in Sports"** publicado en el Journal of Sports Science & Medicine (2015) analiza cómo la comunicación efectiva entre deportistas y entrenadores puede mejorar el rendimiento deportivo.

2. La investigación **"The Athlete-Coach Relationship in Elite Sport: A Three-Phase Review"** de Sophia Jowett y David Lavallee (2007) examina la importancia de la relación entre deportista y entrenador en el deporte de élite.

Compañeros de equipo y competidores

La dinámica de las relaciones entre compañeros de equipo y competidores es una parte integral del mundo del deporte. Cómo los deportistas se relacionan y colaboran con quienes comparten el campo de juego puede marcar la diferencia en sus carreras y experiencias deportivas generando una interacción respetuosa que produce como efectos lo siguiente:

1. Clima del equipo: Mantener relaciones respetuosas con los compañeros de equipo contribuye a un ambiente de trabajo en equipo positivo. Esto favorece la cohesión del grupo y mejora el rendimiento general.

2. Competencia justa: Interactuar respetuosamente con los competidores promueve la competencia justa y el juego limpio en el deporte. La ética deportiva es esencial para mantener la integridad del juego.

3. Desarrollo personal: Las interacciones con otros deportistas pueden ser oportunidades de aprendizaje y crecimiento personal. El respeto mutuo puede fomentar la empatía y la comprensión.

A continuación, los 3 principales comportamientos para desarrollar una interacción respetuosa:

1.- Empatía: Tratar de entender las perspectivas y sentimientos de los demás deportistas, ya sean compañeros de equipo o competidores.

2.- Comunicación abierta: Fomentar una comunicación honesta y abierta con todos los involucrados en el deporte, manteniendo un diálogo constructivo.

3.- Juego limpio: Cumplir con las reglas y normas del deporte, así como mostrar respeto hacia los árbitros y jueces.

Citas de investigaciones científicas:

1. Un estudio publicado en el Journal of Sport and Exercise Psychology (2016) titulado **"Interpersonal and Intrapersonal Emotional Processes in Elite Sport: Balancing Forward and Backward Acting Emotions,"** destaca la importancia de las relaciones interpersonales en el deporte de élite y su influencia en el rendimiento.

2. La investigación **"Sportsmanship and Gamesmanship: A Conceptual Analysis"** de Sigmund

Loland (2014) analiza en profundidad la ética deportiva y el juego limpio en las interacciones entre deportistas.

Pilar III: Comportamiento

La importancia del comportamiento ético dentro y fuera del campo es uno de los baluartes más grandes que se deben desarrollar como profesional, es quizás uno de los valores profesionales más demandados en la actualidad por la misma escasez que encontramos hoy en día.

No se puede tener una marca deportiva sin que esta no tenga elevados niveles de ética, por lo tengo es labor en una marca trabajar en los siguientes aspectos:

1. Conocimiento de las reglas y normas: El primer paso hacia un comportamiento ético es comprender y respetar las reglas y normas de su deporte.

Esto incluye las reglas del juego y las normativas antidopaje.

En el campo de las leyes hay una frase que dice: El desconocimiento de las leyes no te exime de las sanciones de su incumplimiento.

Muchas veces los deportistas piensan que porque algo desconocen en las normas o reglas van a ser perdonados, cuando no es así, es más, dar ese argumento solo evidencia el poco desarrollo profesional del deportista, sumado a que la sanción no desaparece y más bien se vuelve ejemplificadora.

2. Integridad en la competición: Mantener la integridad en la competición significa competir de manera justa y sin trampas. Esto incluye respetar las reglas del juego y no recurrir a prácticas desleales.

3. Respeto hacia los rivales: Mostrar respeto hacia los rivales, tanto dentro como fuera del campo, es esencial. Esto incluye evitar comportamientos antideportivos y exhibir un espíritu deportivo positivo.

Para todo ello los deportistas deben recibir formación en ética deportiva para comprender las implicaciones de su comportamiento en el campo y además deben asumir la responsabilidad de su comportamiento y ser conscientes de su impacto en el deporte y en la sociedad.

Muchas veces el deportista en un inicio no mira la importancia profesional de esta gestión, pero su aporte es el que le dará ese prestigio profesional tan valorada al momento de una contratación, patrocinio o inversión ya que aporta con:

- **Reputación:** El comportamiento ético contribuye a la construcción de una buena reputación y un legado positivo en la carrera de un deportista. Un elemento que será de mucho interés en el libro de Elevando tu carrera deportiva, que es la guía del deportista profesional para avanzados pues ahí veremos en todo un capítulo como es la gestión de la reputación deportiva y que esta es directamente proporcional con su nivel de ingresos.

- **Impacto social:** Los deportistas son modelos que seguir y su comportamiento puede influir en la sociedad siendo esas aspiraciones de las personas que lo contrataran o de las marcas que desean auspiciar al deportista.

Citas de revisiones científicas:

1. En un estudio publicado en el **Journal of Sport Ethics** (2020) por García y Rodríguez, se exploran las implicaciones de la ética en el deporte y su influencia en el comportamiento de los deportistas de élite.

2. Un artículo en el **International Journal of Sports Psychology** (2018) por Smith destaca la importancia de la formación ética en el desarrollo de deportistas jóvenes.

Representación personal

La representación personal es la imagen que proyecta como deportista y su impacto en su carrera, si bien este es un proceso complejo que requiere de la suma de varios trabajos previos, es necesario que el deportista conozca que lo conforma y como este puede ser mejorado de una forma resumida y clara:

1. Autoevaluación continua: Los deportistas deben llevar a cabo una autoevaluación constante de su imagen personal. Esto implica reflexionar sobre su comportamiento, valores y cómo se perciben ante el público.

2. Desarrollo de una identidad de marca: La creación de una **Identidad De Marca Deportiva** tiene que ser personal, sólida y auténtica. Sobre este particular nos referiremos en todo un capítulo más adelante.

Es esencial que los deportistas definan sus valores, creencias y objetivos, y luego reflejarlos consistentemente en su representación personal.

3. Gestión de comportamiento: La conducta dentro y fuera del campo como dijimos anteriormente es crítica.

Los deportistas deben mantener altos estándares de ética y comportamiento para preservar su imagen personal.

Para todo esto el deportista debe buscar a personas que le ayuden con esta representación, entendemos que en un deportista principiante esta labor la puede realizar el mismo o los familiares, pero conforme pase el tiempo se debe tener presente la necesidad de buscar:

- Colaboración de profesionales de imagen: Trabajar con expertos en gestión de imagen y relaciones públicas puede ayudar a los deportistas a construir y mantener una representación personal positiva y efectiva.

- Formación en habilidades de comunicación: Desarrollar habilidades de comunicación efectiva es fundamental. Los deportistas pueden beneficiarse del Programa de gestión de marca deportiva que da nuestra empresa y que es una excelente forma de autoestudio porque tiene todos los elementos de trabajo en marca que vemos en toda esta sección.

- Evaluación periódica: De una forma aprendida o con colaboración de un servicio de gestión de imagen, el deportista debe realizar evaluaciones regulares de su representación personal para identificar áreas de mejora y ajustar su enfoque según sea necesario.

La representación personal tiene un impacto significativo en la carrera deportiva porque es parte integral de su marca y puede influir en las decisiones de patrocinio y contratación.

Una representación personal positiva fortalece las relaciones con patrocinadores y abre oportunidades para acuerdos lucrativos. Sin mencionar que una imagen personal sólida contribuye a la construcción de un legado duradero en el deporte y puede abrir puertas a roles posteriores, como entrenador, comentarista o empresario.

Citas de revisiones científicas:

1. En el estudio **"The Impact of Athlete Image on Consumer Purchase Intention"** de Kim y Trail (2011) publicado en el Journal of Sport Management, se destaca cómo la representación personal de los deportistas puede influir en la intención de compra de los consumidores y, por lo tanto, en su potencial de ingresos.

2. En su artículo **"Sport Celebrity Influence on the Behavioral Intentions of Generation Y"** (2019) publicado en el Journal of Marketing Management, Hung et al. examinan cómo la representación personal de los deportistas influye en las decisiones de los jóvenes consumidores.

Comportamiento fuera del campo

La conducta fuera del campo o cancha de juego es a menudo pasada por alto, pero tiene un impacto significativo en la carrera de un deportista, en muchos casos esta puede ser mayor que el impacto en el mismo campo de juego. Incluye la forma en que un deportista se comporta en su vida personal, social y profesional, cuando no está compitiendo o entrenando.

El impacto de la conducta fuera del campo es valorado por los siguientes parámetros:

1. Imagen pública: La conducta fuera del campo contribuye a la construcción de la imagen pública del deportista. Los comportamientos inapropiados pueden dañar su reputación y afectar las oportunidades de patrocinio y apoyo.

2. Ética y valores: Los deportistas son modelos por seguir para muchas personas, especialmente los jóvenes. Su conducta ética y valores fuera del campo pueden influenciar a otros y transmitir mensajes importantes sobre el respeto, la integridad y la responsabilidad.

3. Bienestar personal: El comportamiento fuera del campo también tiene un impacto en el bienestar personal de un deportista. El equilibrio entre la vida profesional y personal, el cuidado de la salud y las relaciones sociales son factores cruciales para el rendimiento deportivo.

El comportamiento fuera del campo es esencial para la carrera profesional de un deportista. Un comportamiento ejemplar fuera del entorno deportivo mejora la reputación. Una reputación sólida fuera del campo abre puertas para oportunidades de patrocinio y contratos publicitarios.

Los deportistas que mantienen un equilibrio saludable entre su vida personal y profesional a menudo tienen carreras más largas y exitosas.

Citas de investigaciones científicas:

1. Un estudio publicado en el Journal of Applied Sport Psychology (2018) titulado "**The Impact of Athlete Behavior and Character on Sponsorship Effectiveness**" analiza cómo el comportamiento de los deportistas fuera del campo afecta la efectividad de los patrocinios.

2. La investigación "**Athletes as Role Models and Heroes: The Influence of Selected Variables on Role Model Status**" de Daniel Funk y Colleen Pastore (2000) explora la influencia de los deportistas como modelos a seguir en la sociedad.

El patrocinio observando

Los deportistas novatos a menudo se enfrentan al desafío de financiar sus carreras deportivas y asegurar su éxito. El patrocinio es una vía crucial para lograr diferentes espacios de desarrollo profesional tales como:

- **Financiamiento:** El patrocinio proporciona una fuente de financiamiento crucial para los deportistas en sus primeros pasos, ayudándoles a cubrir gastos de entrenamiento, viajes y competencias.

- **Exposición**: Los patrocinadores pueden brindar a los deportistas exposición mediática y visibilidad, lo que aumenta su perfil público y les ayuda a ganar fanáticos.

- **Crecimiento de la carrera**: A través del patrocinio, los deportistas pueden acceder a recursos y oportunidades que aceleran su desarrollo y crecimiento en su disciplina.

Los pasos para explorar oportunidades de patrocinio son:

1. Identificación de mercados objetivos: Definir el público objetivo para establecer una base sólida para atraer patrocinadores relevantes, esto se desarrollará en un capítulo especial del libro para avanzados.

▶▶ pro.agdeportes.com

2. Creación de perfil: Desarrollar una marca personal sólida y una narrativa atractiva que sea atractiva para los patrocinadores. Es por eso por lo que todo este trabajo de ejercicios de compromiso, profesionalismo, comportamiento y comunicación debe tener un sentido de creación de un perfil sólido, lo que llamamos una marca sólida. Muy a menudo los deportistas suponen que acciones aisladas conducen a este perfil sólido, lo cierto es muy pocas veces se logra un perfil solido fruto del azar y más en la actualidad, lo que sí es común es que hay personas atrás de ese perfil que lograron en conjunto esta fortaleza.

3. Búsqueda de patrocinadores potenciales afines a nuestra marca: Investigar y establecer conexiones con empresas y organizaciones que tienen afinidad con la marca y los valores del deportista.

4. Propuesta de patrocinio: Preparar una propuesta de patrocinio que destaque los beneficios mutuos para el deportista y el posible patrocinador.

5. Negociación y acuerdo: Una vez que se establece el interés, negociar los términos y acordar los detalles del patrocinio.

Ahora el patrocinio vendrá cuando vea que eres una inversión y como dijimos anteriormente ellos quieren ver valores, compromiso, profesionalismo y una comunicación efectiva; de forma que todo va tomando forma y que ahora está más claro porque es necesario desde un inicio la creación de una marca.

Si, es error de principiantes pensar que la marca se debe crear después de conseguida la fama o el dinero, lo cierto es que en la actualidad con miles de personas trabajando en la representación deportiva en todo el mundo y con una visión de marketing muy desarrollada, hoy por hoy todo deportista que desea ser profesional, se inicia con el trabajo de creación de marca, que prácticamente viene desde un inicio, porque lo segundo será en el desarrollo de la ella con la consecuente gestión en el patrocinio.

Citas de investigaciones científicas:

- Un estudio en el International Journal of Sports Marketing and Sponsorship (2017) titulado **"Determinants of Sponsorship Effectiveness: Empirical Evidence from Professional Sports"** analiza los factores que contribuyen a la efectividad del patrocinio en deportes profesionales y cómo los deportistas pueden maximizar esta relación.

- La investigación **"The Economic Impact of Sports Sponsorship: A Review of the Literature"** publicada en el Journal of Sponsorship (2018) revisa la literatura sobre el impacto económico del patrocinio en el mundo deportivo, resaltando su importancia para los deportistas.

- Un estudio publicado en el Journal of Sports Economics (2018) titulado **"Determinants of Sponsorship Effectiveness in Professional Sport"** examina los factores que contribuyen a la efectividad del patrocinio en el deporte, incluyendo la importancia de la relación entre deportistas y marcas.

- La investigación "**Exploring the Role of Athlete as Endorser on Fans' Purchase Intention**" publicada en el Journal of Sports Marketing & Sponsorship (2019) analiza cómo la relación entre deportistas y marcas influye en la intención de compra de los fans.

Pilar IV Comunicación efectiva

Querido deportista, bienvenido a un capítulo fundamental en tu camino hacia el éxito en el mundo deportivo. La comunicación efectiva es una habilidad que trasciende las fronteras del campo de juego y se convierte en un pilar fundamental para alcanzar tus metas y sueños en el deporte.

Imagina por un momento a los deportistas que admiras, aquellos que no solo destacan por sus habilidades físicas, sino también por su capacidad para transmitir ideas, motivación y liderazgo. Son deportistas que saben cómo hablar con sus entrenadores, compañeros de equipo y la prensa, construyendo relaciones sólidas y forjando una imagen que trasciende las competencias.

En este capítulo, exploraremos las habilidades de comunicación que te ayudarán a interactuar de manera efectiva con aquellos que te rodean en tu carrera deportiva. Desde el arte de escuchar atentamente hasta la capacidad de expresar tus ideas con claridad y confianza, te proporcionaremos herramientas valiosas para fortalecer tus relaciones y alcanzar tus objetivos.

Pero recuerda, la comunicación efectiva no se trata solo de palabras; es un lenguaje que se expresa a través de tus acciones, tu lenguaje corporal y tu presencia en las redes sociales. Ser un comunicador efectivo te permitirá navegar con éxito en un mundo donde las interacciones van más allá del campo de juego y pueden determinar tu éxito en el deporte.

La comunicación efectiva es la llave que abrirá puertas y oportunidades en tu carrera. Te inspiramos a leer este capítulo con entusiasmo, a adoptar cada consejo y a aplicarlo con dedicación. La habilidad de comunicarte efectivamente te convertirá en un líder, un colaborador valioso y un modelo a seguir en el mundo del deporte.

Así que, deportista, prepárate para descubrir cómo la comunicación efectiva puede ser tu aliada más poderosa en la búsqueda de tus metas. Estamos aquí para guiarte en este emocionante viaje hacia la excelencia en la comunicación y el éxito en tu carrera deportiva.

¡Adelante, el mundo está esperando escuchar tu voz y tu mensaje!

Habilidades de comunicación

Un deportista debe mejorar la capacidad de expresarse de manera efectiva. Esta habilidad que en algunas personas se da de forma natural puede y debe ser aprendida por un deportista profesional.

Esta práctica no es simple, pero a continuación damos los aspectos más importantes de este desarrollo:

1. Escucha activa: Una comunicación efectiva comienza con la escucha activa. Los deportistas deben aprender a prestar atención a sus entrenadores, compañeros de equipo y otros miembros del personal para comprender completamente las instrucciones y retroalimentación.

2. Comunicación no verbal: La expresión facial, el lenguaje corporal y la postura son aspectos importantes de la comunicación no verbal. Los deportistas deben ser conscientes de su propio lenguaje corporal y aprender a interpretar el de los demás.

3. Claridad y concisión: La comunicación efectiva requiere la habilidad de expresar ideas de manera clara y concisa. Los deportistas deben evitar la ambigüedad y ser directos en sus mensajes.

Estas habilidades las desarrollamos en el Programa de gestión de marca deportiva, pero si desea un trabajo personalizado de gestión está el mismo Servicio de gestión de marca que incluye aspectos tales como:

- Entrenamiento en comunicación: Que incluye técnicas para mejorar la expresión oral y escrita.

- Coaching en comunicación: Los profesionales brindan esa valiosa retroalimentación y orientación.

- **Práctica de comunicación**: La práctica regular, como realizar presentaciones simuladas o participar en sesiones de preguntas y respuestas, puede ayudar a los deportistas a perfeccionar sus habilidades de comunicación.

Las habilidades de comunicación efectiva son esenciales en el deporte profesional por varias razones tales como la coordinación en el Campo, ya que la comunicación clara entre los miembros del equipo es fundamental para la coordinación en el campo y la toma de decisiones rápidas.

También es importante en las relaciones con entrenadores y compañeros. Una comunicación efectiva fortalece las relaciones con entrenadores y compañeros de equipo, lo que puede influir en las oportunidades de juego y el éxito general.

Y desde luego que adquiere una importancia vital al momento de las entrevistas y relaciones públicas. Los deportistas a menudo se enfrentan a entrevistas y relaciones públicas; habilidades de comunicación sólidas les permiten transmitir sus mensajes de manera efectiva.

Citas de revisiones científicas:

1. Según el estudio **"The Importance of Communication Skills in the Sport Industry"** (2016) publicado en el International Journal of Sport Communication, las habilidades de comunicación son esenciales en la industria deportiva, ya que afectan la efectividad de la gestión, la toma de decisiones y las relaciones públicas.

2. En el artículo **"Communication in Sport Organizations"** de Fink et al. (2014) en el International Journal of Sport Communication, se subraya cómo la comunicación eficaz es un componente crítico de la gestión de Marca y la cohesión del equipo.

Comunicación con entrenadores

Uno de los aspectos comunicativos de mayor trascendencia en el deportista es el saber cómo comunicarse con los entrenadores de manera constructiva. Esta habilidad lo podemos resumir siguiendo los siguientes pasos:

1. Establecer una relación de confianza: La base de una comunicación efectiva con los entrenadores es establecer una relación de confianza. Los deportistas deben demostrar respeto y mostrar interés en el consejo y la orientación de sus entrenadores.

2. Escuchar activa: La escucha activa es esencial para comprender las expectativas y la visión del entrenador. Los deportistas deben prestar atención a las instrucciones y hacer preguntas para aclarar cualquier duda.

3. Expresión de opiniones de manera constructiva: Los deportistas deben aprender a expresar sus opiniones y preocupaciones de manera respetuosa y constructiva. Esto fomenta un ambiente de colaboración y mejora la relación con el entrenador.

En esta habilidad influye mucho la relación que tiene el deportista con la autoridad, eso es un proceso que nace en el fruto familiar, lo que en la actualidad no siempre es la mejor por lo que este trabajo puede llegar a ser un verdadero reto de desarrollo porque tenemos que sobre llevar varios asuntos personales, si bien estos aspectos personales son parte del pasado deportista lastimosamente estos influyen en actividades actuales tales como:

- Comunicación abierta y regular: Establecer canales de comunicación abiertos y regulares con los entrenadores es crucial. Esto puede incluir reuniones periódicas para discutir el progreso y las metas.

- Solicitar retroalimentación: Los deportistas pueden mejorar al pedir retroalimentación constante a los entrenadores sobre su rendimiento y áreas de mejora.

- Respetar las decisiones del entrenador: Aunque es importante expresar opiniones, es fundamental respetar las decisiones finales del entrenador. La cohesión del equipo depende de seguir la estrategia del entrenador.

La comunicación efectiva con los entrenadores desempeña un papel crítico en el éxito deportivo por diversas razones, a continuación, las más importantes:

- Mejora del Rendimiento: La comprensión de las expectativas del entrenador y la retroalimentación constante pueden ayudar a los deportistas a mejorar su rendimiento y alcanzar sus metas.

- Cohesión del Equipo: Una comunicación constructiva con el entrenador contribuye a la cohesión del equipo y fomenta un ambiente de trabajo conjunto.

- **Desarrollo Profesional**: Los deportistas pueden aprovechar el conocimiento y la experiencia de los entrenadores para su desarrollo profesional a largo plazo.

Citas de revisiones científicas:

1. Según el estudio **"Effective Coach-Athlete Communication and Performances in Elite Athletes"** (2016) publicado en el Journal of Physical Education and Sport Management, la comunicación efectiva entre entrenadores y deportistas se asocia positivamente con un mejor rendimiento en deportistas de élite.

2. En el artículo **"Coach-Athlete Communication: Implications for Sport Psychology Consulting"** de Jordet y Hovden (2009) en el International Journal of Sports Science & Coaching, se enfatiza la importancia de una comunicación efectiva entre entrenadores y deportistas en la consultoría de psicología deportiva.

Relaciones con compañeros de equipo

La mejora y desarrollo de estas relaciones fomentan un ambiente de trabajo en equipo que crece mediante:

1. Comunicación abierta: La comunicación efectiva es la base de relaciones sólidas con compañeros de equipo. Esto implica escuchar activamente a los demás y expresarse de manera clara y respetuosa.

2. Fomentando la confianza: La confianza es esencial en cualquier equipo deportivo. Los deportistas deben ser confiables, cumplir sus compromisos y demostrar que pueden contar los unos con los otros.

3. Trabajo en equipo: Es vital entender que el éxito en el deporte rara vez es individual. Colaborar en estrategias y tácticas de equipo fortalece las relaciones y mejora el rendimiento colectivo.

Si bien esta habilidad igual que las otras se puede aprender con los años, es necesario que el deportista se forme al respecto o bien reciba una asesoría de un equipo de profesionales con el objetivo de que sea capaz de realizar:

- Actividades de construcción de equipo: Las actividades como retiros de equipo, ejercicios de construcción de confianza y actividades recreativas pueden ayudar a fortalecer los lazos entre compañeros de equipo.

- Resolución de conflictos: Se deben abordar los conflictos de manera constructiva y oportuna para evitar tensiones duraderas en el equipo.

- Apoyo mutuo: Los deportistas deben apoyarse mutuamente en momentos de éxito y dificultades, fomentando un ambiente de camaradería.

Las relaciones con compañeros de equipo son cruciales en el deporte porque brindan una coordinación efectiva, lo que significa que un equipo cohesionado tiene una mejor coordinación en el campo o en el rendimiento del deportista, lo que puede llevar a un rendimiento más efectivo.

También representa un apoyo emocional, de forma que los compañeros de equipo pueden proporcionar apoyo emocional fundamental en situaciones de alta presión o después de derrotas.

Y a la final esta serie de actividades significan un éxito a largo plazo. Las relaciones sólidas con compañeros de equipo pueden contribuir al éxito a largo plazo, ya que se fomenta la unidad y la continuidad en el equipo.

Citas de investigaciones científicas:

1. Un estudio publicado en el Journal of Applied Sport Psychology en 2015 ("**Teamwork and Communication in Team Sports: A Systematic Review**") resalta la importancia de la comunicación y las relaciones de equipo en el rendimiento deportivo exitoso.

2. La investigación en psicología deportiva, como el trabajo de Carron y Spink (1993) en el **Journal of Sport and Exercise Psychology**, destaca que las relaciones positivas entre compañeros de equipo pueden mejorar significativamente la cohesión y el rendimiento del equipo.

Relaciones con medios

En la actualidad es necesario sino indispensable saber cómo manejar entrevistas y tener buenas relaciones con los medios de comunicación. Esta labor no es fruto de casualidad o improvisación, sino son habilidades que son aprendidas y desarrolladas, que siguen una secuencia que la vamos a desarrollar a continuación:

1. Preparación: Antes de cualquier entrevista o interacción con los medios, es esencial la preparación. Esto incluye conocer el tema a tratar, los posibles cuestionamientos y tener una idea clara de los mensajes clave que se desean transmitir.

2. Comunicación clara: Durante las entrevistas, los deportistas deben comunicarse de manera clara y concisa. Evitar jergas técnicas excesivas y utilizar un lenguaje accesible para el público en general es crucial.

3. Control emocional: Mantener la calma y el control emocional es esencial. Las entrevistas pueden ser desafiantes, y los deportistas deben estar preparados para responder a preguntas difíciles de manera profesional.

En este momento nos podemos dar cuenta de la importancia de este punto en la carrera deportiva, es porque eso que tanto el **Programa de gestión de marca deportiva** como el **Servicio de gestión de marca** buscan el:

- **Entrenamiento en comunicación:** Los deportistas pueden beneficiarse de la formación en habilidades de comunicación, que incluye práctica de entrevistas simuladas.

- **Asesoramiento de medios:** Trabajar con modelos de respuestas que demuestren calidad profesional.

- **Ser auténtico con la identificación de marca:** Aunque es importante estar preparado y controlar el mensaje, la autenticidad es clave. Los fans y la prensa valoran la autenticidad en los deportistas, por eso que, si bien se debe seguir una línea de trabajo, también se debe buscar la esencia del deportista para que su presencia sea mucho más fuerte.

Las relaciones con los medios de comunicación son fundamentales en la carrera de un deportista pues comunica la Marca que veremos en el siguiente capítulo. Las entrevistas y las interacciones con los medios permiten a los deportistas comunicar su marca personal y sus valores.

Esta comunicación crea una conexión con los fans, de forma que cada una de las entrevistas ofrecen la oportunidad de conectarse directamente con los seguidores y crear vínculos emocionales.

Y desde luego genera oportunidades de patrocinio. Un buen manejo de los medios puede atraer patrocinadores y oportunidades de ingresos fuera del campo.

Citas de revisiones científicas:

1. Según un estudio publicado en el **International Journal of Sports Science & Coaching** (2021) por Smith, la preparación adecuada y la comunicación efectiva son factores clave en el éxito de las relaciones con los medios en el deporte.

2. En el artículo "**Media Training in Professional Sport: An Ethnographic Study**" de Johnson et al. (2019) en el Journal of Applied Sport Psychology, se explora la importancia del entrenamiento en medios para deportistas de élite.

Entrevistas

Las entrevistas son un verdadero apoyo a la creación de nuestra imagen, la sola presencia del deportista en una entrevista no es garantía de creación de marca y mucho menos de comunicación efectiva, de forma que a continuación revisemos los pasos para los mejores resultados:

1. Preparación: La preparación como ya dijimos es clave antes de enfrentar cualquier entrevista o contacto con los medios. Esto incluye conocer el tema, los posibles cuestionamientos y tener una idea clara de los mensajes que se desean transmitir.

2. Comunicación clara: La comunicación efectiva es esencial. Los deportistas deben ser claros y concisos al responder preguntas y evitar jerga técnica que el público general no comprenda.

3. Manejo de emociones: El control de las emociones es crucial, especialmente en situaciones de alta presión. Mantener la calma y la compostura es fundamental.

Como dijimos en lo referente a la relación con los medios, esta comunicación en una entrevista se puede desarrollar de varias formas, el autoaprendizaje mediante el **Programa de gestión de marca deportiva** o con el **Servicio de Gestión de Marca,** ambos sistemas aportan ese conocimiento necesario en:

- Entrenamiento en comunicación: Mediante prácticas de entrevistas simuladas.

- Construcción de mensajes clave: Identificar y crear mensajes clave y repetirlos de manera coherente ayuda a asegurar que se transmita la información deseada.

- Feedback: Obtener retroalimentación después de entrevistas o interacciones con los medios puede ser valioso para la mejora continua.

La habilidad para enfrentar entrevistas y comunicarse con los medios tiene una relevancia crítica ya que como dijimos aporta valor a la imagen y marca personal.

También señalamos que es fundamental en las relaciones públicas, lo que significa que un manejo efectivo de los medios puede ayudar a gestionar la relación con el público, los patrocinadores y los seguidores.

Y para recordarle al deportista que esta comunicación con los medios debe mirarse como la mejor oportunidad para obtener un patrocinio y oportunidades comerciales.

Citas de investigaciones científicas:

1. Un estudio publicado en el Journal of Applied Communication Research en 2018 ("**Athlete Communication Skills and Their Impact on Team Performance**") resalta que las habilidades de comunicación de los deportistas tienen un impacto positivo en el rendimiento del equipo.

2. Investigaciones en psicología deportiva, como el trabajo de Johnson y Zink (2017) en el **Journal of Sport and Exercise Psychology**, subrayan la importancia de la preparación mental y emocional para enfrentar entrevistas y situaciones mediáticas.

Comunicación no verbal

Si bien esta habilidad es parte de una comunicación, el deportista como dijimos anteriormente debe tener un cuidado especial en este sentido.

En la actualidad la comunicación no verbal no solo que es un lenguaje que dice muchas cosas, sino que también puede ser leído por los espectadores, miembros de un equipo y por los oponentes para encontrar debilidades al momento de una competencia, de ahí que el deportista debe profundizar su conocimiento en este sentido y este se forma de la siguiente manera:

1. Observación: La habilidad para observar y comprender el lenguaje corporal de los demás es el primer paso. Esto incluye la identificación de gestos, expresiones faciales y posturas corporales.

2. Autoconciencia: Los deportistas también deben ser conscientes de su propio lenguaje corporal y cómo este puede influir en la percepción de los demás.

3. Alineación con mensajes verbales: Es importante que la comunicación no verbal esté alineada con el discurso verbal. La congruencia entre ambas es esencial para la credibilidad y la claridad en la comunicación.

Esta habilidad de comunicación no verbal puede haberse originado desde su nacimiento para muchas personas, pero por regla general en el actual mundo deportivo esta es aprendida, el **Programa de gestión de marca deportiva** brinda ese conocimiento, ya

que en el mismo nos hemos preocupado de su desarrollo para que el deportista comprenda a plenitud su importancia y como de una forma práctica y simple lograr un desarrollo efectivo.

De la misma forma, el **Servicio de gestión de marca** lo que hace es que un equipo de personas de forma constante trabaje para su desarrollo con un seguimiento permanente del mismo mediante las siguientes acciones:

- **Entrenamiento en comunicación no verbal**: Los deportistas realizan prácticas de expresión facial y postura corporal.

- **Feedback externo**: Obtener retroalimentación de entrenadores o expertos en comunicación no verbal puede ayudar a mejorar esta habilidad.

- **Práctica**: Mediante ejercicios de role-playing y grabarse en video para revisar su lenguaje corporal.

La comunicación no verbal en el deporte tiene una relevancia significativa por lo que es una obligación su desarrollo ya que representa:

- **Comunicación efectiva:** Complementa y enriquece la comunicación verbal, permitiendo una transmisión de mensajes más completa y precisa.

- Interacción con equipos y rivales: Entender el lenguaje corporal de compañeros de equipo y oponentes puede proporcionar ventajas estratégicas en el campo.

- Gestión de emociones: El lenguaje corporal puede revelar las emociones de un deportista y aprender a controlar estas señales es fundamental para el rendimiento bajo presión.

Citas de investigaciones científicas:

1. Un estudio publicado en el Journal of Nonverbal Behavior en 2019 ("**Nonverbal Communication in Sports: A Review**") destaca que la comunicación no verbal desempeña un papel crucial en el rendimiento deportivo y la interacción en equipos.

2. Investigaciones en psicología deportiva, como el trabajo de Jones y colaboradores (2018) en el **Journal of Sport Psychology**, subrayan la influencia del lenguaje corporal en la percepción de la competencia y la confianza en el deporte.

Identidad de la marca

Bienvenidos al fin al emocionante mundo de la identidad de la marca en el deporte. La marca nace de la imagen personal que no se trata solo de cómo te ven los demás, sino de cómo te ves a ti mismo y cómo proyectas esa visión al mundo.

Aquí es donde entran los 4 pilares que revisamos anteriormente, en donde con cada uno de ellos pusimos bases sólidas de lo que eres, de forma que la proyección de esa visión será autentica significando mayor credibilidad de tu marca.

Imagina por un momento que eres un lienzo en blanco, y cada acción, cada palabra y cada elección que haces es un trazo en ese lienzo. Tu imagen personal es el cuadro que se va formando con cada uno de esos trazos. ¿Qué tipo de obra maestra estás creando?

Este capítulo se sumerge en la importancia de construir una imagen profesional y positiva como deportista. Descubriremos cómo cada detalle, desde tu comportamiento fuera del campo hasta tu presencia en las redes sociales, puede influir en cómo eres percibido por tus seguidores, patrocinadores y la comunidad deportiva en general.

La gestión de la imagen personal no es solo para estrellas mediáticas; es una herramienta poderosa para todos los deportistas que buscan sobresalir y avanzar en sus carreras.

A medida que avancemos en este capítulo, te motivaremos a reflexionar sobre tu propia imagen y cómo puedes mejorarla. Te inspiraremos a ver cada día como una oportunidad para pulir tu imagen y convertirte en una marca deportiva que aspiras a ser. Si ya lo eres, te recordamos que tenemos toda una sección orientada a la Marca en el libro Elevando tu carrera deportiva, en donde profundizamos temas que aquí los revisamos de forma inicial.

La imagen de marca es la percepción que tiene el público o los consumidores sobre lo que proyecta el deportista mientras que la identidad de marca son los elementos que caracterizan y construyen la marca y que se pueden gestionar a través del branding, es esto último que es lo fundamental trataremos en este capítulo.

¡Adelante, deportista! Tu marca te espera, y este capítulo es tu guía en este emocionante camino.

Posicionamiento global del deportista

La Consultora Internacional de Fútbol L&M © basada en el resultado de la evaluación de la carrera futbolística y de otras carreras deportivas encontró similitudes en los resultados, que para fines prácticos vamos a generalizar.

Todos los deportistas pueden ser definidos o clasificados en relación con su marca deportiva en diferentes niveles de estatus profesional. Esta clasificación la utilizan de una u otra manera las agencias de marketing deportivo, de representación de futbolistas y sirve como elementos de valoración de las comisiones deportivas de equipos o de marcas.

Los niveles de deportistas son los siguientes

Nivel 1: Corresponde al deportista profesional consagrado, siempre participa en los torneos de primer nivel y tiene ofertas constantes de empresarios, equipos deportivos y marcas relacionadas con el deporte y no relacionadas.

Nivel 2: Es el deportista que juega en los torneos de primer nivel y los de segundo nivel, no tiene muchas ofertas, pero si consigue estar todos los años en competencia. No es usual que las marcas no deportivas le auspicien, lo más común es que tenga un acuerdo genérico con marcas deportivas.

Nivel 3: Es un deportista que participa en tornes de segundo, tercer u otro nivel competitivo. No tiene ofertas de equipos y su entrada a un equipo o competencia siempre es una incertidumbre todos los años, no tiene auspiciante deportivo.

Nivel 4: Hace poco dejo el deporte aficionado, no tiene o está en búsqueda de equipos o equipo, desde luego no tiene propuestas ni auspiciantes.

Según el nivel hay muchas cosas que debemos trabajar para cambiar de nivel 4 al 3, que sería nuestro principal objetivo si estas leyendo este libro o si estas en el nivel 3, nuestro objetivo será subir de nivel, lógicamente siempre buscando el nivel 1.

Para cambiar de nivel necesitamos principalmente una cosa:

Que participes en una competencia deportiva.

No nos referimos a que practiques el deporte, sino nos referimos a que participes en una competencia deportiva, ya sea de forma individual o como parte de un equipo según el deporte que ejerzas.

En este punto no importa si entras en un equipo pequeño, o te auto patrocinas para entrar en una competencia, lo que interesa es que estes en competencia.

Por el momento, no nos vamos a preocupar en marcas que te respalden porque es muy probable que no se interesen por ti, porque ahora vamos a trabajar en que logres tener una identidad de marca deportiva.

Desarrollo de una marca personal

La marca personal de un deportista se refiere a la percepción que otros tienen de él en el mundo deportivo y más allá. Esta imagen influye en su carrera, su influencia en los fans y su éxito en el deporte.

Ahora es de suponer que para iniciar con este desarrollo de marca, el lector ya reviso los 4 pilares para la gestión de marca, ya que sin ellos todo lo que revisaremos a continuación es como la construcción del edificio, podemos empezar a trabajar en pisos, modelos, acabados, ascensores y hasta iluminación, pero un día por una pequeña ventisca caerse todo el edificio porque no tiene buenos cimientos, en cambio por otro lado si tenemos 4 pilares, que están bien enterrados en la base donde vamos a construir, son fuertes y de un buen material, no habrá viento leve que le haga daño y nos atrevemos a decir que incluso podrá soportar muchos males que a la mayoría de edificios los acabará, al nuestro no, todo esto porque sus cimientos son sólidos y enterrados en lo profundo de nuestra identidad.

A continuación, se destacan los principales aspectos de este desarrollo:

1. Credibilidad y confianza: Una marca personal sólida genera credibilidad y confianza en los seguidores y patrocinadores. Los deportistas con buena reputación son más propensos a obtener patrocinios y oportunidades.

2. Identidad única: Construir una marca personal implica definir lo que te hace único como deportista. Esto puede ser tu estilo de juego, tu ética de trabajo o tu compromiso con causas sociales.

3. Lealtad de los fans: Una imagen positiva y auténtica atrae a seguidores leales. Los fans tienden a respaldar a deportistas que representan valores y actitudes que les resuenan.

Si bien este tema de marca lo revisaremos en libro de deportistas avanzados con más detalle, a continuación, están estos 3 primero pasos para desarrollar una marca personal en el deporte:

1.- Autoevaluación: Comprender tus valores, metas y lo que deseas representar en el deporte.

2.- Consistencia: Mantener una conducta coherente tanto dentro como fuera del campo, siendo fiel a tu identidad deportiva.

3.- Comunicación efectiva: Utilizar las redes sociales y otros canales para comunicar tu mensaje y conectarte con los fans de manera auténtica.

Citas de investigaciones científicas:

1. Un estudio publicado en el International Journal of Sports Science & Coaching (2019) titulado "**The Impact of Athlete Brand on Perceptions of Consumer Brand Loyalty: The Role of Sport Celebrity Endorsement,**" analiza cómo la construcción de una marca personal sólida por parte de un deportista influye en la lealtad de los fans y en el apoyo a las marcas asociadas.

2. La investigación "**Building a Personal Brand Through Social Networking Websites: The Role of Extroversion**" de Luiz P. G. M. de Carvalho y otros (2019) explora cómo las redes sociales pueden ser herramientas efectivas para construir una marca personal en el deporte.

Construcción de imagen e identidad

Si bien la construcción parece un trabajo estático, es necesario que el deportista tenga claro que para construir al profesional que desea, este debe realizar cambios, en donde muchos de ellos significaran verdaderos sacrificios, en algunos momentos lo que destruirá es aspectos que son normales para personas de su edad, pero toda esta destrucción lo que busca es abrir camino para cimentar nuestros 4 pilares necesarios para edificar a ese profesional que desea ser.

Este camino de cambios y destrucción de muchas de las actividades que veníamos realizando se lo puede resumir como el inicio de la creación de una marca.

Antes de la construcción de la imagen es necesario comprender quién es el deportista y qué valores y principios representa, esto se hace a través de Definir la Identidad Deportiva.

Este trabajo como dijimos no simple, es realizado de forma personal por nuestro **Servicio de gestión de marca** en un inicio, pero también se trabaja en el programa de autoestudio que hemos diseñado que se llama **Programa de gestión de marca deportiva**, en donde mediante 10 pasos desarrollamos una identidad deportiva clara, en la plataforma de estudios esta lo hacemos mediante un ejercicio de valoración de la

identificación de verdadero y falso en donde le reforzamos los conceptos vistos de forma muy persistente, además nos ayudamos de un documento de 30 preguntas dirigidas al propio deportista, que en transcurso del programa ira llenando con las mejores estrategias para crear la mejor versión de su propia imagen deportiva, todo esto con la intención de que mediante el autoestudio el deportista logre llegar a este nivel de identidad que en lo posterior tendrá que potencializar mediante una marca.

Las preguntas de **Definiendo mi identidad** lo que buscan es crear consistencia y autenticidad en el deportista, ya que la autenticidad es esencial para una imagen sólida que veremos en el libro de Elevando tu carrera deportiva. Además, este debe ser coherente en su comportamiento y mensajes en todas las interacciones.

Esta primera gestión luego se traduce en trabajo que permite un mayor desarrollo de la marca como es:

- **Asesoramiento de profesionales de imagen**: Trabajar con expertos en imagen y relaciones públicas puede ser invaluable para crear una imagen efectiva.

Porque esta tarea de construcción no hay que tomarla a la ligera, es aquí donde el deportista vivirá toda su carrera profesional.

Muchas veces se menoscaba el trabajo de profesionales porque se tiene la idea de la construcción por nuestras propias manos, en muchos casos eso es posible, pero en el caso del deportista que inicia su carrera tan temprana y de la misma forma lo termina tan temprana también, esta construcción tiene que ser rápida y bien hecha.

No hay mucho tiempo para el hacerlo por nuestros medios ni para estar contratando a principiantes en la materia, sencillamente el tiempo está en nuestra contra y tenemos que ganarlo una vez más.

- **Gestión de redes sociales**: Aprender a utilizar las redes sociales de manera estratégica y profesional es crucial en la construcción de la imagen.

- **Formación en comunicación**: Participar en entrenamiento de habilidades de comunicación puede ayudar a los deportistas a comunicarse de manera efectiva con los medios y el público.

Ante todas estas necesidades, en PRO y FÚTBOL MAN hemos desarrollado por más de una década varios servicios orientados a este propósito como el señalado **Programa de gestión de marca deportiva** (Antiguamente conocido como el famoso programa PLATA de nuestra empresa), en este programa lo que buscamos es que el deportista aprenda mediante el autoaprendizaje todo lo necesario para su desarrollo profesional.

Y si el deportista desea un servicio personalizado tenemos el **Servicio de gestión de marca** que incluye:

-Definir la identidad de marca.
-Creación y manejo de marca.
-Gestión de redes sociales.
-Comunicación del deportista
-Formación profesional que incluye formación ética y social del deportista.

Es necesario recalcar que la construcción de una imagen profesional en el deporte es de suma importancia pues con esta logramos atraer patrocinadores y acuerdos comerciales lucrativos.

Hay que tener una idea muy clara en nuestra mente y es que la forma en que un deportista se presenta tiene un impacto directo en su carrera y en su legado, ya que sabemos muy bien que una imagen sólida genera lealtad de los fanáticos y una base de seguidores sólida, lo que significa apoyo, patrocinio y éxito profesional como resultado final.

Citas de revisiones científicas:

1. En una investigación publicada en el **International Journal of Sports Science & Coaching** (2021) por Smith y Johnson, se destaca la relación entre una imagen profesional sólida y el éxito en la gestión de la carrera deportiva.

2. Un estudio en el **Journal of Sports Economics** (2019) por Brown y White exploró cómo una imagen positiva puede afectar los ingresos de un deportista a través de patrocinios y acuerdos comerciales.

Estrategias de marketing personal

La marca de un deportista como ya vimos es un activo valioso, por no decir que es el activo más valioso que tiene, por lo que es lógico esperar que todo el tiempo este le habrá puertas a oportunidades profesionales y financieras.

Por eso que insistimos a que este activo debe ser creado con el mejor trabajo posible., ya luego de la identificación con estas estrategias queremos ir más allá, pues esta implica la gestión de la marca, la reputación y la percepción pública, sobre esto vamos a señalar algunos aspectos claves que lo incluyen:

1. Diferenciación: Una marca sólida destaca a un deportista en un mercado competitivo. Le ayuda a sobresalir y ser memorable para los fans y los patrocinadores. De ahí que

2. Valor añadido: Los deportistas pueden utilizar su marca para aportar valor a las empresas a través de patrocinios y asociaciones.

3. Ingresos: Una marca del deportista bien gestionado puede traducirse en ingresos significativos a través de acuerdos de patrocinio, ventas de productos con licencia y otras oportunidades comerciales.

Los pasos para construir y promover la marca personal son:

- Definición de la marca: Identificar qué te hace único como deportista y qué deseas que las personas asocien contigo, este es un proceso que no es tan simple como parece, en el programa de gestión de marca hacemos múltiples ejercicios para desarrollarlo y con el trabajo del servicio de la gestión de imagen son algunas reuniones que se hacen tan solo para realizar una correcta identificación de marca del deportista.

- Comunicación efectiva: Como ya dijimos anteriormente, si no se practica y no se trabaja en ello vamos a perder grandes oportunidades, ya que nuestro trabajo transmitir un mensaje coherente en todos los canales, desde las redes sociales hasta las apariciones públicas.

- Sitio web propio: Cuando nos referimos a que el deportista necesita en el inicio un sitio web, no nos referimos a un sitio web donde se muestre fotos del futbolista, su carrera y sus datos, sino que estos deben ser diseñados de manera coherente a la identidad del deportista, debe estar orientado a su identidad y al negocio del futbol.

- Participación en redes sociales: El deportista debe utilizar plataformas sociales para interactuar con los fans, compartir contenido relevante y construir una comunidad en línea.

- **Colaboraciones estratégicas**: Asociarse con marcas y organizaciones alineadas con la marca personal para amplificar su alcance y relevancia.

Citas de investigaciones científicas:

1. Un estudio en el Journal of Marketing Management (2018) titulado "**Personal Branding: A New Strategy for Enhancing Personal Brand**" explora cómo el personal branding, incluido el de los deportistas, puede ser una estrategia efectiva para construir una marca personal sólida y aumentar el valor de mercado.

2. La investigación "**The Role of Social Media in Building Athlete Brands: An Examination of NBA Athletes**" publicada en el International Journal of Sport Communication (2016) analiza cómo las redes sociales desempeñan un papel crucial en la construcción y promoción de la marca personal de los deportistas.

Redes sociales del deportista

El deportista debe tener un uso responsable de las redes sociales para proteger su imagen, quizás ahora no lo sabe, pero cuando crezca su carrera profesional este hecho significara su éxito o fracaso como profesional, una labor que, si bien la hacemos todos al interactuar en las redes sociales, al escalar a una profesión de deportista sube a otro nivel, por lo que exige:

1. Conciencia de la audiencia: Los deportistas deben ser conscientes de que sus seguidores en las redes sociales pueden incluir fans, patrocinadores, medios de comunicación y jóvenes admiradores. Es fundamental ajustar el contenido en función de la audiencia.

2. Autenticidad y coherencia: La autenticidad en las publicaciones es clave para construir una imagen personal sólida. Las publicaciones deben ser coherentes con los valores y la personalidad del deportista.

3. Pensar antes de publicar: Antes de compartir cualquier contenido, los deportistas deben considerar cuidadosamente el posible impacto en su imagen y carrera. Esto incluye evitar controversias innecesarias.

Este conocimiento si bien se puede aprender con el tiempo, el deportista profesional muchas veces carece de ello y necesita un curso muy práctico como el **Programa de gestión de marca deportiva** o bien si desea una asesoría personalizada mediante el **Servicio de gestión de marca** en donde hay un equipo que se encarga de los siguientes aspectos de esta gestión:

- **Entrenamiento en redes sociales**: Los deportistas pueden beneficiarse del entrenamiento en redes sociales, que les proporcionará las habilidades necesarias para gestionar sus perfiles de manera efectiva.

- **Colaboración con profesionales**: Trabajar con expertos en marketing digital o gestión de redes sociales puede ayudar a los deportistas a aprovechar al máximo sus plataformas en línea.

- **Evaluación periódica**: Es importante que los deportistas evalúen regularmente su presencia en redes sociales y ajusten su estrategia según sea necesario.

Todos estos elementos son de importancia profesional porque el uso responsable de las redes sociales es crítico en la carrera de un deportista por varias razones, quizás la más importante es la protección de la imagen personal, ya que un mal manejo de las redes sociales puede dañar la imagen personal y profesional de un deportista.

Otro aspecto de gran valor es la interacción con los fans. Sobre esto las redes sociales ofrecen una plataforma directa para interactuar con los fans, fortaleciendo la relación y construyendo una base de seguidores sólida.

Y por último pero lo más valioso es el potencial de ingresos, debido a que una presencia en redes sociales efectiva puede atraer patrocinadores y oportunidades de ingresos adicionales fuera del campo.

Para todo ello se deben seguir lineamientos muy precisos para el manejo de redes sociales, en donde insistimos de manera enérgica a los deportistas que asesoramos pues estas suelen ser uno de los principales problemas en la implementación del trabajo de redes sociales, por lo que hemos realizado una pequeña guía en el programa de gestión de marca para los deportistas.

Citas de revisiones científicas:

1. Según un estudio publicado en el **Journal of Sport Management** (2020) por García et al., la gestión adecuada de las redes sociales es fundamental para la construcción y protección de la imagen personal de los deportistas.

2. En el artículo "**Social Media and Athlete Self-Presentation: Implications for Sports Marketers**" de Smith y Sparks (2019) en el Journal of Sport Management, se examina cómo las estrategias de redes sociales impactan la percepción pública de los deportistas.

Sitio web del deportista

La presencia en redes sociales no es suficiente, un sitio web con un blog del deportista es una **herramienta indispensable** de promoción de la carrera profesional del deportista.

En la era digital actual, las redes sociales se han convertido en una herramienta muy llamativa, pero la herramienta que es esencial para la promoción y la construcción de una marca personal en el ámbito deportivo es un sitio web y un blog del deportista. La importancia de la presencia de estas herramientas son las siguientes:

- **Identificación**: Las redes sociales permiten a los deportistas llegar a una audiencia global de manera instantánea, pero no responde a las preguntas tales como: ¿cómo sabemos que son las redes sociales oficiales?, como sabemos que es lo que hace? o quien es ese deportista que está generando atención? De ahí que el sitio web responde esas preguntas que son las primeras y las más importantes que miran los medios de comunicación, fans, inversionistas y patrocinadores.

Si la búsqueda a esas preguntas lo hacemos por redes sociales, la tarea es compleja y lo más probable es que en el camino se pierda el interés, pero en cambio cuando queremos saber quién es el deportista y su identidad nos vamos al sitio web en donde de forma estratégicamente colocamos un diseño donde motivamos a nuestros fans, inversores, marcas interesadas y medios de comunicación, ahí en ese momento estamos trabajando de forma activa en nuestra marca.

- **Obtención de información:** Muchas veces una presencia en redes sociales brinda la oportunidad de interactuar directamente con fanáticos y seguidores, creando un vínculo más cercano y leal. Pero esta basta comunicación habla de las actualidades.

En cambio, en el sitio web se conoce quien es la persona y tenemos una respuesta clara sobre determinada situación, esto como se verá de forma más avanzada es una de las mejores utilidades del sitio web y sirve para cuidar la reputación, mejorar e incentivar la inversión de forma muy precisa.

- Promoción: El sitio web y el blog son en conjunto una plataforma efectiva para promocionar logros deportivos, valores personales y causas benéficas que los deportistas apoyan.

Los pasos para utilizar un sitio web del deportista de manera efectiva son:

1. Selección de plataformas adecuadas: Identificar el tipo de programa de desarrollo de sitio web permitirá un mejor control en el manejo por parte del deportista y su equipo de trabajo o familiares que lo ayuden.

2. Creación de contenido del sitio web: Generar contenido de calidad que incluya imágenes, videos y publicaciones que resalten los logros, la personalidad y los valores del deportista no es un trabajo que

hay que entregarlo a cualquier persona diseñadora de sitios web, está prácticamente se convierte en la tarjeta de presentación del deportista, de forma que hay que saber cómo realizarlo.

3. Interacción activa: Mantener una comunicación activa y auténtica con el público en general a través de respuestas a comentarios y participación social relacionado con el deporte es un punto de diferenciación deportiva ampliamente destacada en el mundo del deporte.

4. Gestión de la reputación: Supervisar y gestionar la reputación en línea, respondiendo de manera positiva y profesional a comentarios o críticas mediante comunicados oficiales; y no solo como publicaciones de redes sociales que carecen de seriedad y no es

acorde a la calidad de la marca que deseamos tener en el deportista.

5. Análisis de datos: Utilizar herramientas de análisis para medir el impacto y la efectividad de las publicaciones y ajustar la estrategia en consecuencia a nuestra presencia de marca.

Citas de investigaciones científicas:

- Un estudio publicado en el Journal of Sports Economics (2019) titulado "**The Impact of Social Media on Sports Sponsorship Value**" explora cómo la presencia en internet de los deportistas afecta el valor de los patrocinios, destacando su influencia en la industria deportiva.

- La investigación "**Social Media in Professional Sports: An Exploratory Analysis**" publicada en el International Journal of Sports Science & Coaching (2018) analiza cómo los deportistas pueden aprovechar el sitio web y las redes sociales para mejorar su promoción personal y su carrera deportiva.

Secreto deportivo que no es secreto

Hablar de marca y éxito deportivo suena fácil desde las palabras de este libro, pero la verdad es que es un trabajo complejo que implica probar y mejorar, aplicar un sin número de estrategias hasta encontrar el camino al éxito del deportista.

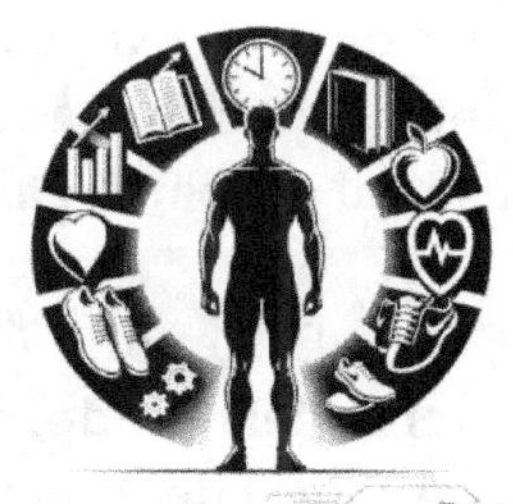

Evidentemente no hay un camino único, ni tampoco una única persona que sea capaz de ayudarnos en este trabajo, en realidad la oferta de ayudar en la gestión de contenido, sitios web y asesoría deportiva está presente, aunque esta oferta es menor a lo que debería ser la demanda.

Muchos promotores de marca, diseñadores de sitios web o personas encargadas en la marca o imagen del deportista no entienden esta industria por lo que también es recomendable este libro, ya que el deporte es una industria muy particular.

Para no hacer larga la explicación podemos decir que el deporte en resumidas es espectáculo, de forma que el deporte está en la sección de entretenimiento en donde compite con video juegos, películas e influencers. Si no lo sabía, pues es un secreto que no es secreto para organizaciones, empresas y deportistas que son exitosos, ya que ellos utilizan la gestión de marca para ganar no solo dinero, sino también poder social e incluso ganar poder político.

El deporte es el canal de mejor promoción de venta del mundo, por eso es por lo que se puede pagar millones de dolares a un deportista, por eso que Redbull que no es una bebida hidratante y que esta contraindicada en el deporte financia muchos deportes. Porque no importa que venda, lo que importa es que el canal de venta sea por medio del deporte.

Y los deportistas, muchos de ellos sin darse cuenta, están en ese mundo, de forma que la gestión de marca es una obligación en su carrera profesional, nuestra recomendación es que al margen de que sea un gran deportista o uno principiante, debe comprar el Programa de gestión de marca deportiva. Si bien es una plataforma en donde se tiene contenido exclusivo y practico, también tiene ejercicios útiles, practicas interesantes y tips que le va a ayudar en toda su carrera profesional.

Ahora bien, si de pronto dice que la lectura y el auto-aprendizaje no es lo suyo, en el sitio web pro.agdeportes.com tenemos el icono de Gestión de Marca, en donde hacemos clic en revisión de ofertas y tene-

mos el servicio de construcción de marca deportiva en donde una persona de nuestro equipo le ayude de forma personal con la construcción en un periodo de 1 a 4 semanas.

Luego de ello lo que se recomienda es que nuestro equipo le siga acompañando, ahora si en la gestión de su marca, mediante este servicio que se trabaja mediante una suscripción que puede ser de un mes, trimestral, semestral o anual. Desde luego que recomendamos la suscripción anual, ya que primero le resulta más económico, luego va a tener un acompañamiento más completo, lo que le permitirá crear metas que se puedan medir en el tiempo para ver resultados más cuantificables.

Además, en el sitio web <u>pro.agdeportes.com</u> va a encontrar el icono de Sitios web y Blockchain en donde en el botón de revisar ofertas puede analizar la mejor opción de sitios web.

Un secreto que no es secreto es que una vez que tenga un sitio web, así sea el más básico va a darse cuenta de que el caminar por la vida como deportista va a ser diferente, le aseguramos que al cabo de un año va a querer tener un mejor sitio web (PREMIUM) y al cabo de un tiempo más, va a querer vender cosas en una tienda personalizada o crear una colección de NFTs para sus seguidores, en donde pueda realizar sorteos de entradas a sus competencias o regalar productos para fidelizar una marca de la que es patrocinador; y todo esto por la compra de un sitio web.

Le aseguramos, y si, podemos asegurar, que cuando entienda el poder de un sitio web va a darse cuenta de que no hay limite a donde pueda llegar como deportista profesional.

Sección C: Técnica deportiva

En esta sección, nos sumergimos en el mundo emocionante y fundamental de la técnica deportiva, explorando los aspectos clave que todo deportista principiante debe dominar para alcanzar su máximo potencial en su disciplina deportiva.

En el capítulo de **Entrenamiento Físico Básico** revisaremos los fundamentos esenciales de la preparación física, incluyendo técnicas de calentamiento y enfriamiento, entrenamiento cardiovascular, entrenamiento de fuerza y flexibilidad. Aprenderás cómo desarrollar una rutina de entrenamiento efectiva que te prepare físicamente para la competencia y te ayude a alcanzar tus metas deportivas.

En el capítulo de **Desarrollo de Habilidades Generales** nos adentraremos en cada una de estas habilidades, explorando técnicas y ejercicios específicos para mejorarlas. Aprenderás cómo desarrollar una base sólida de habilidades generales que te permitirá destacarte en tu deporte y enfrentar cualquier desafío que se te presente en el campo de juego.

A lo largo de esta sección, te guiaremos en el proceso de dominar los aspectos técnicos fundamentales de tu disciplina deportiva, proporcionándote los conocimientos y las habilidades necesarias para mejorar tu rendimiento y alcanzar tus metas deportivas.

Entrenamiento físico básico

Querido deportista imagina a tus héroes deportivos, los que te inspiraron a dar tus primeros pasos en el mundo del deporte. Detrás de sus proezas en el campo de juego, detrás de sus victorias y récords, hay un fundamento sólido, una base que les permitió alcanzar las cimas más altas: el entrenamiento físico básico.

En este capítulo, te adentrarás en los fundamentos esenciales que son la piedra angular de cualquier carrera deportiva exitosa. Aquí, descubrirás los conceptos básicos de la preparación física, el arte del calentamiento y el enfriamiento. Estos pilares son cruciales para tu rendimiento y, sobre todo, para tu bienestar como deportista.

Nuestro objetivo es que comprendas la importancia de establecer una base física sólida, que te permita soportar las demandas físicas del deporte que amas. Aprenderás que el calentamiento adecuado no es solo una formalidad antes de la acción, sino una herramienta clave para prevenir lesiones y maximizar tu potencial en cada entrenamiento y competencia.

En este viaje hacia el éxito deportivo, no podemos subestimar la importancia de cuidar de tu cuerpo, de darle la atención y el respeto que merece. El conocimiento que adquieras en este capítulo te ayudará a convertirte en un deportista más completo y resistente, preparado para enfrentar los desafíos que se presenten en tu camino.

Te animamos a sumergirte en este capítulo con entusiasmo, a abrazar cada consejo y a aplicarlo con determinación. Tu cuerpo es tu herramienta más valiosa, y aprender a entrenarlo y cuidarlo correctamente es esencial para tu éxito. Recuerda que cada paso que des en tu entrenamiento físico básico te acercará un poco más a tus metas deportivas.

¡Adelante, construyamos juntos la base de tu éxito deportivo!

Preparación física

Si bien esta labor la cumplen los preparadores físicos o el entrenador muchas veces hemos visto que muchos deportistas carecen de estos conocimientos que son básicos y que señalan la importancia de una base física sólida dentro de un deportista.

Este capítulo no desea ser un resumen del trabajo técnico de entrenamiento solo queremos dar un marco deportivo en el cual debe desarrollarse el deportista que consta de:

1. Evaluación de estado físico: Antes de comenzar cualquier programa de entrenamiento, es esencial realizar una evaluación exhaustiva del estado físico actual. Esto incluye medir la fuerza, la resistencia, la flexibilidad y otros aspectos clave.

2. Planificación personalizada: Cada deportista es único, y, por lo tanto, se requiere una planificación de entrenamiento personalizada. Esto implica establecer metas específicas y diseñar un programa de ejercicios que se adapte a las necesidades individuales.

3. Variedad de ejercicios: Un programa de entrenamiento efectivo debe incluir una variedad de ejercicios que trabajen diferentes grupos musculares y aspectos de la condición física, como la fuerza, la resistencia cardiovascular y la flexibilidad.

Para cumplir este trabajo está claro que se necesita de un equipo que está integrado de un trabajo conjunto que engloba:

- **Supervisión de entrenadores**: Contar con un entrenador profesional puede ser crucial para garantizar que el programa de entrenamiento sea seguro y eficaz.

- **Nutrición adecuada**: La alimentación desempeña un papel crucial en la preparación física. Consultar a un dietista deportivo para una dieta equilibrada es esencial.

- **Descanso y recuperación**: La recuperación adecuada es tan importante como el entrenamiento en sí. Se deben incluir períodos de descanso y recuperación en la planificación.

La preparación física sólida es un pilar fundamental en la carrera de cualquier deportista y tiene una serie de implicaciones como es la mejora del Rendimiento, ya que un cuerpo bien preparado físicamente es capaz de rendir a su máximo potencial en el campo, lo que puede marcar la diferencia en competiciones de alto nivel.

Además, es de gran valor en la prevención de lesiones. Un programa de entrenamiento adecuado no solo mejora el rendimiento, sino que también reduce el riesgo de lesiones.

Y desde luego, establecer un trabajo organizado garantiza la durabilidad en la carrera.

Citas de investigaciones científicas:

1. Un estudio publicado en el Journal of Strength and Conditioning Research en 2020 (**"Strength and Conditioning Practices in Elite Soccer Players"**) destaca la relación entre la preparación física adecuada y el rendimiento en el fútbol de élite.

2. Investigaciones en medicina deportiva, como el trabajo de Williams y colaboradores (2019) en el **International Journal of Sports Physiology and Performance**, han demostrado que la preparación física adecuada puede mejorar la resistencia y la fuerza, lo que a su vez impacta positivamente en el rendimiento deportivo.

Calentamiento y enfriamiento

Estas actividades que se las consideran de alto impacto en el rendimiento deportivo son consideradas en la actualidad como rutinas adecuadas en el deportista y son:

1. Calentamiento efectivo: Antes de embarcarse en cualquier actividad deportiva, es esencial llevar a cabo un calentamiento adecuado. Esto implica realizar ejercicios de movilidad articular, estiramientos dinámicos y un aumento gradual de la frecuencia cardíaca.

2. Enfriamiento controlado: Al concluir la actividad deportiva, el enfriamiento es igualmente importante. Este proceso incluye la reducción gradual de la intensidad del ejercicio y la realización de estiramientos estáticos para ayudar a los músculos a recuperarse.

Si bien este campo es manejado en la actualidad por fisioterapeutas, sabemos que al inicio de una carrera deportiva no siempre se cuenta con todos los profesionales de apoyo por lo que señalamos a continuación ciertas actividades altamente efectivas en este sentido:

- **Duración adecuada**: El calentamiento y el enfriamiento deben durar al menos 10-15 minutos cada uno para ser efectivos.

- **Ejercicios específicos**: Los ejercicios de calentamiento y enfriamiento deben ser específicos para el deporte practicado y los músculos que se utilizarán.

- **Inclusión de estiramientos**: Los estiramientos dinámicos en el calentamiento y los estiramientos estáticos en el enfriamiento son fundamentales para la prevención de lesiones.

La ejecución adecuada del calentamiento y el enfriamiento no debe subestimarse, ya que tiene un profundo impacto en la salud y el rendimiento deportivo sobre todo en la:

- **Prevención de lesiones**: El calentamiento adecuado prepara el cuerpo para la actividad física, reduciendo el riesgo de lesiones musculares y articulares.

- **Mejora del rendimiento**: El calentamiento también optimiza el rendimiento al aumentar el flujo sanguíneo y la elasticidad muscular.

- Recuperación acelerada: El enfriamiento contribuye a una recuperación más rápida y efectiva después del ejercicio, reduciendo la posibilidad de dolor muscular post-entrenamiento.

Citas de investigaciones científicas:

1. Un estudio publicado en el British Journal of Sports Medicine en 2018 (**"Effect of Warm-up on Repetition Performance for Resistance Exercise"**) concluyó que un calentamiento adecuado mejora significativamente el rendimiento en ejercicios de resistencia.

2. La investigación realizada por Fradkin y colaboradores (2010) en el **Journal of Science and Medicine in Sport** demostró que un enfriamiento adecuado ayuda a reducir la aparición de dolor muscular de inicio retardado (DOMS, por sus siglas en inglés).

Entrenamiento cardiovascular

Este entrenamiento quizás esta dentro de todo programa deportivo pues mejora la resistencia y la capacidad cardiovascular.

A continuación, queremos señalar los pasos para los mejores resultados en este aspecto:

1. Planificación personalizada: El entrenamiento cardiovascular debe ser específico para los objetivos individuales y el deporte en cuestión. Esto implica seleccionar el tipo de ejercicio cardiovascular adecuado, como correr, nadar, andar en bicicleta o entrenamiento en intervalos.

2. Progresión gradual: Comenzar con una intensidad y duración adecuadas para su nivel de condición física y aumentar gradualmente la intensidad y la duración a medida que mejora su resistencia cardiovascular.

3. Frecuencia y duración: Para obtener beneficios cardiovasculares óptimos, se recomienda realizar al menos 150 minutos de actividad cardiovascular moderada a la semana, o al menos 75 minutos de actividad vigorosa.

4. Variación: Incorporar variedad en el entrenamiento cardiovascular, incluyendo tanto ejercicios de baja intensidad y larga duración como ejercicios de alta intensidad y corta duración.

El entrenamiento cardiovascular es fundamental para el rendimiento deportivo y la salud en general ya que mejora la resistencia, debido a que el entrenamiento cardiovascular aumenta la capacidad del corazón y los pulmones para suministrar oxígeno y nutrientes a los músculos, lo que mejora la resistencia.

Este también es importante para el control del peso. El ejercicio cardiovascular contribuye a la quema de calorías, lo que es esencial para el control del peso y la composición corporal.

Citas de investigaciones científicas:

1. Un estudio publicado en el American Journal of Lifestyle Medicine en 2017 ("**The Effects of Cardiovascular Exercise on Human Memory: A Review with Meta-analysis**") sugiere que el entrenamiento cardiovascular también puede tener beneficios cognitivos, mejorando la memoria y la función cerebral.

2. La investigación de Wisløff et al. (2007) publicada en el **Journal of the American College of Cardiology** demuestra que el entrenamiento cardiovascular de alta intensidad mejora significativamente la capacidad cardiorrespiratoria en deportistas y no deportistas.

Entrenamiento de fuerza

Este tiene como objetivo el desarrollar la fuerza muscular necesaria para el deporte y se logra mediante:

1. Establecimiento de objetivos claros: Antes de comenzar el entrenamiento de fuerza, es fundamental definir los objetivos específicos que se desean alcanzar, ya sea el aumento de la fuerza, la hipertrofia muscular o la mejora del rendimiento deportivo.

2. Diseño de programas: Un programa de entrenamiento de fuerza debe ser cuidadosamente diseñado para incluir ejercicios que trabajen todos los grupos musculares principales. Además, es crucial considerar la progresión en la carga y la variedad en los ejercicios.

3. Forma y técnica: La técnica adecuada es esencial para prevenir lesiones y maximizar los beneficios. Se recomienda la supervisión de un entrenador calificado para garantizar una forma correcta.

4. Periodización: La periodización es un enfoque de entrenamiento que implica variar la intensidad y el volumen a lo largo del tiempo. Este método ha demostrado ser efectivo para lograr ganancias sostenidas de fuerza.

El entrenamiento de fuerza es fundamental en el deporte porque mejora del rendimiento, el aumentar la fuerza muscular puede tener un impacto significativo en el rendimiento deportivo, ya que permite una mayor potencia y resistencia.

Tiene una gran utilidad en la prevención de lesiones. La fuerza muscular adecuada puede ayudar a prevenir lesiones al proporcionar estabilidad y soporte a las articulaciones.

Y al igual que todos estos temas significa un apoyo a la salud ósea y metabólica. El entrenamiento de fuerza también beneficia la salud ósea al aumentar la densidad mineral ósea y puede mejorar la salud metabólica al aumentar la sensibilidad a la insulina.

Citas de investigaciones científicas:

1. Un estudio publicado en el Journal of Strength and Conditioning Research en 2018 (**"Effects of Resistance Training Frequency on Measures of Muscle Hypertrophy: A Systematic Review and**

Meta-Analysis") concluyó que la frecuencia adecuada de entrenamiento de fuerza puede influir en la hipertrofia muscular.

2. La investigación de Kraemer et al. (2002) en el **Journal of Strength and Conditioning Research** demostró que el entrenamiento de fuerza es eficaz para mejorar el rendimiento atlético y la fuerza muscular en deportistas de élite.

Flexibilidad y movilidad

Para terminar este capítulo es necesario señalar que todos estos temas son parte de profesionales técnicos que evaluaran a detalle cada uno de estos aspectos, lo que hemos visto en este capítulo de entrenamiento básico, que es una guía de referencia para el deportista.

Es así como la flexibilidad y movilidad es de gran apoyo para mantener un rango de movimiento óptimo, este entrenamiento al igual que todos los demás de este capítulo se enmarca en los siguientes aspectos:

1. Evaluación inicial: Antes de comenzar un programa de flexibilidad y movilidad, es esencial realizar una evaluación inicial para determinar las áreas de mejora. Esto puede incluir pruebas de rango de movimiento y detección de desequilibrios musculares.

2. Planificación del programa: Diseñar un programa de flexibilidad y movilidad que se adapte a las necesidades individuales. Esto puede incluir estiramientos estáticos, dinámicos y ejercicios de movilidad articular.

3. Calentamiento: Realizar un calentamiento adecuado antes de los ejercicios de flexibilidad puede ayudar a prevenir lesiones y mejorar la efectividad de los estiramientos.

4. Persistencia: La mejora de la flexibilidad y la movilidad es un proceso gradual que requiere consistencia. Se recomienda realizar ejercicios de flexibilidad de forma regular.

La importancia profesional de la flexibilidad y la movilidad son fundamentales en el deporte para la prevención de lesiones, ya que al mantener un rango de movimiento óptimo puede reducir el riesgo de lesiones musculoesqueléticas, como distensiones musculares y esguinces.

Además, al igual que todos estos temas planteados en este capítulo mejora el rendimiento, ya que la movilidad adecuada permite que los deportistas realicen movimientos más eficientes y mejora su capacidad para ejecutar técnicas específicas de manera efectiva.

Y para completar en conjunto forma parte de la recuperación del deportista. Los ejercicios de flexibilidad y movilidad pueden ayudar en la recuperación después de un entrenamiento intenso al aliviar la tensión muscular y mejorar el flujo sanguíneo.

Citas de investigaciones científicas:

1. Un estudio publicado en el Journal of Sports Science & Medicine en 2013 ("**The Effects of Stretching Exercises on Decreasing Pain and Improving Function of the Lower Extremities in Children with Cerebral Palsy**") destacó la importancia de los ejercicios de flexibilidad en la mejora de la función y la reducción del dolor en individuos con parálisis cerebral.

2. La investigación de Behm et al. (2016) en el **Journal of Sports Sciences** demostró que la movilidad adecuada puede influir positivamente en el rendimiento deportivo y la prevención de lesiones.

Desarrollo de habilidades generales

Estimado apasionado del deporte imagina a los deportistas de élite en acción: la gracia de un gimnasta en el aire, la agilidad de un jugador de fútbol en el campo, la resistencia inquebrantable de un corredor de maratón. ¿Qué tienen en común estos campeones? Además de su dedicación y determinación, poseen una base sólida de habilidades generales que les permite destacar en sus respectivos deportes.

En este capítulo, te invitamos a explorar el emocionante mundo del desarrollo de habilidades generales, la piedra angular de cualquier deportista exitoso. Aquí, descubrirás cómo mejorar tu coordinación, agilidad y resistencia, las cualidades esenciales que te catapultarán hacia el éxito en cualquier disciplina deportiva.

Entenderás que la coordinación te permitirá realizar movimientos precisos y controlados, la agilidad te dará la ventaja para reaccionar rápidamente en situaciones cambiantes, y la resistencia te permitirá mantener un rendimiento de alto nivel a lo largo del tiempo.

Nuestro objetivo es inspirarte a abrazar la importancia del desarrollo de habilidades generales en tu viaje deportivo. Te mostraremos cómo puedes entrenar y perfeccionar estas cualidades, independientemente de tu nivel de experiencia. Con la práctica constante y la dedicación, podrás superar tus límites y alcanzar nuevas alturas en tu deporte.

Recuerda, los grandes logros deportivos comienzan con una base sólida. Mejorar tu coordinación, agilidad y resistencia es como construir los cimientos de un rascacielos; cuanto más sólidos sean, más alto podrás llegar.

¡Atrévete a ser más ágil, más coordinado y resistente en tu viaje hacia el éxito deportivo!

Coordinación

Mejorar la coordinación motora fundamental, debe ser una de las preocupaciones más importantes para el deportista ya que en realidad estamos trabajando con una herramienta que hay que dominarla como es el cuerpo, para ello debemos seguir las siguientes acciones:

1. Identificación de deficiencias: El primer paso para mejorar la coordinación es identificar las áreas específicas en las que un deportista puede tener deficiencias. Esto puede incluir la coordinación ojo-mano, la coordinación ojo-pie, el equilibrio y otros aspectos relacionados.

2. Entrenamiento específico: Una vez identificadas las áreas de mejora, se debe diseñar un programa de entrenamiento específico que se enfoque en desarrollar esas habilidades. Esto puede incluir ejercicios y actividades que desafíen y fortalezcan la coordinación.

3. Práctica continua: La mejora de la coordinación requiere práctica constante. Los deportistas deben comprometerse a dedicar tiempo regularmente a actividades que fomenten la coordinación.

4. Entrenamiento multisensorial: La coordinación motora a menudo implica la interacción de múltiples sentidos, como la vista y el tacto. El entrenamiento multisensorial puede ser particularmente efectivo.

5. Entrenamiento dirigido por un entrenador: Un entrenador o profesional del deporte puede diseñar un programa de entrenamiento específico para abordar las deficiencias de coordinación de un deportista y supervisar su progreso.

La coordinación motora fundamental es una habilidad esencial para los deportistas, ya que influye en su rendimiento en una amplia variedad de disciplinas deportivas.

Una buena coordinación permite a los deportistas realizar movimientos precisos y eficientes, lo que puede llevar a un mejor rendimiento en su deporte.

La coordinación también contribuye a la estabilidad y al control del cuerpo, lo que puede reducir el riesgo de lesiones durante la práctica deportiva.

Muchas habilidades deportivas, como lanzar, atrapar, gambetear y golpear, requieren una coordinación precisa por lo que su trabajo es parte de una formación completa de un deportista.

Citas de investigaciones científicas:

1. Un estudio publicado en el Journal of Sport Sciences en 2019 ("**Coordination Training for Elite and Sub-Elite Athletes: A Narrative Review**") enfatiza que el entrenamiento de coordinación es crucial para mejorar el rendimiento de los deportistas de élite y subélite.

2. La investigación de Hrysomallis (2011) en el **Journal of Strength and Conditioning Research** resalta la importancia de la coordinación motora en la prevención de lesiones y el desarrollo de habilidades deportivas.

Agilidad

Desarrollar la agilidad y la capacidad de respuesta es una habilidad que hay que trabajarla de forma continua siguiendo un esquema que busque su máximo desarrollo, tales como:

1. Entrenamiento de velocidad de reacción: La agilidad y la capacidad de respuesta requieren una rápida velocidad de reacción. Los deportistas deben someterse a entrenamientos específicos para mejorar su capacidad de reaccionar de manera rápida y precisa a las situaciones en el campo de juego.

2. Ejercicios de cambio de dirección: Los ejercicios que involucran cambios de dirección bruscos y rápidos son fundamentales. Estos ejercicios incluyen zigzags, slaloms y ejercicios de corte, y ayudan a mejorar la agilidad y la capacidad de respuesta.

3. Mejora de la coordinación: La coordinación ojo-mano y ojo-pie es esencial para la agilidad. Los deportistas deben realizar ejercicios que mejoren la coordinación entre sus movimientos y sus sentidos.

4. Entrenadores especializados: Un entrenador especializado en la agilidad y la capacidad de respuesta puede diseñar programas de entrenamiento específicos y supervisar el progreso de los deportistas.

5. Ejercicios de propiocepción: La propiocepción, o la conciencia del cuerpo en el espacio, es esencial para la agilidad. Los ejercicios que mejoran la propiocepción, como el uso de plataformas de balance, pueden ser beneficiosos.

La agilidad permite a los deportistas cambiar de dirección rápidamente, superar oponentes y evitar obstáculos, lo que mejora su rendimiento en el campo de juego.

La agilidad y la capacidad de respuesta pueden ayudar a los deportistas a evitar lesiones al permitirles responder eficazmente a situaciones de riesgo.

En muchos deportes, la capacidad de ser más ágil y responder más rápido que los oponentes pueden marcar la diferencia en la competición.

Citas de investigaciones científicas:

1. Según un estudio publicado en el International Journal of Sports Physiology and Performance en 2016 ("**Agility Training for Athletes: Improving Sport Performance**"), el entrenamiento de agilidad es esencial para mejorar el rendimiento deportivo en disciplinas que requieren cambios rápidos de dirección.

2. Investigaciones realizadas por Sheppard y Young (2006) en el **Journal of Science and Medicine in Sport** resaltan la relación entre la agilidad y la prevención de lesiones en deportistas.

Resistencia

Es necesario que el deportista tenga claro que hay que entrenar para aumentar la resistencia física y esta debe ser correctamente dirigida y enfocada en acciones precisas tales como:

1. Planificación del entrenamiento: Un plan de entrenamiento bien estructurado es esencial. Debe incluir una combinación de entrenamiento de resistencia aeróbica y anaeróbica, así como periodos de recuperación.

2. Entrenamiento aeróbico: El entrenamiento aeróbico, como correr, nadar o andar en bicicleta, es fundamental para desarrollar la resistencia. Este tipo de entrenamiento mejora la capacidad del cuerpo para utilizar el oxígeno de manera eficiente y aumenta la resistencia cardiovascular.

3. Entrenamiento anaeróbico: El entrenamiento anaeróbico, que incluye ejercicios de alta intensidad como levantamiento de pesas y entrenamiento en intervalos, es necesario para desarrollar la resistencia muscular y la capacidad de resistencia a la fatiga.

4. Supervisión de un entrenador: Un entrenador o fisiólogo del ejercicio puede diseñar un programa de entrenamiento personalizado que se adapte a las necesidades individuales del deportista y supervise su progreso.

5. Nutrición adecuada: Una dieta equilibrada y una hidratación adecuada son esenciales para mantener la energía durante los entrenamientos de resistencia y facilitar la recuperación.

La resistencia permite a los deportistas mantener un alto nivel de rendimiento durante competiciones largas o intensas, lo que puede marcar la diferencia en el resultado final.

La resistencia también ayuda a retrasar la fatiga muscular y mental, lo que permite a los deportistas mantener un rendimiento constante durante eventos deportivos prolongados.

Y, por último, un buen nivel de resistencia puede ayudar a prevenir lesiones al reducir la probabilidad de fatiga muscular y caídas en el rendimiento.

Citas de investigaciones científicas:

1. Un estudio publicado en el Journal of Strength and Conditioning Research en 2015 ("**Endurance Training Concepts for Elite Athletes**") destaca la importancia de un enfoque equilibrado en el entrenamiento de resistencia para deportistas de élite.

2. Investigaciones realizadas por Joyner y Coyle (2008) en el **American Journal of Physiology** sugieren que la resistencia cardiovascular es un factor determinante en el rendimiento deportivo.

Velocidad

Mejorar la velocidad en un deportista significa mejor su explosividad, una habilidad altamente demandada en el mundo de los deportes, para esto las acciones que dan mejores resultados son las siguientes:

1. Entrenamiento de la fuerza: Un aumento en la fuerza muscular es fundamental para mejorar la explosividad. Los ejercicios de levantamiento de pesas y pliometría son esenciales para desarrollar esta habilidad.

2. Entrenamiento de la técnica: La técnica de carrera y el perfeccionamiento de la postura son vitales para maximizar la velocidad y minimizar la resistencia aerodinámica.

3. Entrenamiento de la potencia: Los ejercicios que involucran saltos, lanzamientos y sprints ayudan a desarrollar la potencia muscular necesaria para la velocidad y la explosividad.

4. Planificación del entrenamiento: Un plan de entrenamiento específico y progresivo diseñado por un entrenador experimentado es esencial para evitar lesiones y maximizar los resultados.

5. Evaluación continua: El seguimiento constante del progreso mediante pruebas de velocidad y fuerza es fundamental para ajustar el entrenamiento según las necesidades individuales.

En muchos deportes, la velocidad es un factor determinante para superar a los oponentes y alcanzar el éxito.

Un adecuado entrenamiento de velocidad y explosividad puede ayudar a prevenir lesiones al mejorar la capacidad de reacción y la estabilidad.

Estas habilidades no solo son relevantes en deportes de velocidad como el atletismo, sino también en deportes de equipo como el fútbol y el baloncesto, donde la rapidez y la agilidad son cruciales.

Citas de investigaciones científicas:

1. Un estudio publicado en el Journal of Strength and Conditioning Research en 2019 ("**Effects of Strength Training on Speed and Power Performance in Elite Athletes**") destacó cómo el entrenamiento de fuerza puede mejorar significativamente la velocidad y la potencia en deportistas de élite.

2. Investigaciones realizadas por Young y McDowell (2019) en el **Journal of Sports Science & Medicine** resaltaron la relación entre la técnica de carrera y la velocidad en deportistas.

Equilibrio

Trabajar en el equilibrio y la estabilidad para un rendimiento sólido son una de las habilidades que definitivamente ayudan en el rendimiento deportivo.

Este trabajo al igual que todas las habilidades revisadas en este capítulo a menudo lo desarrollan los preparadores físicos. Mas sin embargo es responsabilidad del deportista conocer su importancia y tener una visión general y practica de lo que está entrenando y su utilidad.

A continuación, los pasos para mejorar el equilibrio y la estabilidad:

1. Entrenamiento de Core: Fortalecer los músculos del núcleo abdominal y lumbar es esencial para mantener el equilibrio y la estabilidad. Ejercicios como planchas y abdominales son fundamentales.

2. Entrenamiento propioceptivo: Los ejercicios que desafían la propiocepción, como el uso de plataformas inestables, ayudan a mejorar la percepción y el control del cuerpo en el espacio.

3. Entrenamiento de equilibrio dinámico: Practicar ejercicios que requieran equilibrio en movimiento, como caminar sobre una línea o realizar ejercicios de equilibrio en una sola pierna.

4. Progresión Gradual: Comenzar con ejercicios de equilibrio y estabilidad adecuados para su nivel y aumentar gradualmente la dificultad.

Un buen equilibrio y estabilidad ayudan a prevenir lesiones al aumentar la resistencia a las fuerzas externas y mejorar la capacidad de recuperación.

En muchos deportes, la estabilidad es esencial para realizar movimientos precisos y explosivos, lo que mejora el rendimiento.

Citas de investigaciones científicas:

1. Un estudio publicado en el Journal of Athletic Training en 2020 ("**The Role of Balance Training in Athletic Performance, Injury Prevention, and Rehabilitation**") resaltó cómo el entrenamiento de equilibrio puede mejorar el rendimiento deportivo y reducir el riesgo de lesiones.

2. Investigaciones llevadas a cabo por Hrysomallis (2011) y publicadas en el **Sports Medicine Journal** destacaron la relación entre el entrenamiento de estabilidad y la prevención de lesiones en deportistas.

Sección D: Negociaciones

En esta sección, nos adentramos en el fascinante mundo de las negociaciones deportivas, explorando los aspectos fundamentales que todo deportista principiante debe comprender para proteger sus intereses y garantizar el éxito en su carrera deportiva.

En el capítulo de **Contratos y acuerdos básicos** revisáremos los conceptos legales básicos que todo deportista debe conocer, incluyendo la importancia de la documentación adecuada, las responsabilidades y obligaciones contractuales, y las habilidades de negociación. Aprenderás cómo proteger tus derechos y asegurarte de que tus acuerdos sean justos y beneficiosos para ti.

Y finalmente en el capítulo de **Representación deportiva** discutiremos la elección de un representante adecuado, el papel y las responsabilidades de este representante, y cómo proteger tus intereses durante las negociaciones y la firma de contratos. Obtendrás información valiosa sobre cómo obtener el mejor asesoramiento legal y cómo trabajar en colaboración con tu representante para alcanzar tus objetivos profesionales.

Contratos y acuerdos básicos

Querido deportista con visión de futuro, imagina un escenario en el que firmas un contrato que cambia el rumbo de tu carrera deportiva para siempre. Visualiza un acuerdo que te proporciona oportunidades sin precedentes y garantiza tu seguridad financiera. ¿Te suena como un sueño? En realidad, es una posibilidad alcanzable cuando comprendes la importancia de los contratos y acuerdos básicos en el mundo del deporte.

En este capítulo, te sumergirás en el fascinante universo legal que rodea a los deportistas profesionales. Te presentaremos los conceptos legales esenciales que debes conocer y dominar para tomar el control de tu carrera y asegurarte de que tus esfuerzos en el campo se traduzcan en éxitos fuera de él.

Es crucial comprender que un contrato no es solo un documento en papel; es un compromiso que puede moldear tu destino deportivo. Puede ser el trampolín que te lleve a nuevas alturas o el ancla que te retenga en la mediocridad. Por eso, aprender a entender y negociar contratos básicos es un paso esencial en tu camino hacia el éxito.

En estas páginas, descubrirás cómo tomar decisiones informadas y asegurarte de que los acuerdos que firmes sean justos y beneficiosos para ti. Aprenderás a proteger tus derechos, defender tus intereses y avanzar hacia una carrera deportiva próspera y segura.

Recuerda que detrás de cada contrato y acuerdo hay oportunidades esperando ser aprovechadas. No permitas que la complejidad legal te intimide; abrázala como una herramienta poderosa que te dará el control de tu futuro deportivo.

Conceptos legales básicos

Vamos a iniciar con la introducción a los términos legales comunes en contratos deportivos tales como:

1. Definición de términos legales: El primer paso es adquirir un entendimiento claro de los términos legales comunes en los contratos deportivos, como "cláusula de rescisión", "derechos de imagen", "compensación" y "cláusulas de no competencia".

2. Asesoramiento legal: Buscar asesoramiento legal es esencial. Contratar a un abogado especializado en derecho deportivo puede ser fundamental para garantizar que los contratos sean justos y beneficiosos. Nuestra agencia PRO ofrece un servicio específico de asesoría legal en contratos deportivos.

3. Revisión detallada: Leer y revisar cada cláusula y disposición del contrato de manera minuciosa es crucial para evitar sorpresas desagradables.

4. Negociación: Negociar los términos del contrato en función de sus necesidades y objetivos específicos es una parte esencial del proceso.

Citas de investigaciones científicas:

1. Un estudio publicado en el International Journal of Sports Science & Coaching en 2020 ("**Legal Issues in Sports Contracts**") destaca la importancia de una comprensión sólida de los conceptos legales en contratos deportivos para evitar conflictos y litigios.

2. La obra "**Sports Law**" de Adam Epstein (2019) proporciona una visión general de los conceptos legales clave en el deporte y su impacto en la toma de decisiones contractuales.

Importancia de la documentación

En leyes decimos que es esencial poner por escrito los acuerdos, esto brinda una serie de beneficios tales como:

1. Claridad y evitación de malentendidos: Los contratos escritos proporcionan una base sólida para una comunicación clara y precisa entre todas las partes involucradas. Esto reduce significativamente la posibilidad de malentendidos y ambigüedades.

2. Protección legal: La documentación adecuada crea un registro legal de los términos y condiciones acordados. Esto es crucial para la resolución de disputas y para proteger los derechos y obligaciones de todas las partes.

3. Responsabilidad y cumplimiento: Al poner por escrito los compromisos, se fomenta la responsabilidad y el cumplimiento. Las partes involucradas son más propensas a cumplir con lo acordado cuando existe un documento formal.

Para asegurar una documentación efectiva de los acuerdos deportivos, es esencial seguir estos pasos:

1. Identificar los términos clave: Enumerar y definir claramente todos los términos y condiciones del acuerdo, incluyendo compensación, duración, derechos y responsabilidades.

2. Detallar las obligaciones: Especificar de manera detallada las obligaciones de cada parte, dejando poco espacio para interpretaciones ambiguas.

3. Asesoría legal profesional: Consultar a un abogado especializado en deportes para revisar y validar el contrato. Esto asegura que el documento esté en conformidad con las leyes deportivas y protege los intereses de todas las partes.

La consulta de asesoría legal a nuestra empresa es un paso crítico en la documentación de contratos deportivos. Proporciona orientación legal experta y garantiza la validez del acuerdo.

Mantener registros detallados de todas las comunicaciones y documentación relacionada con el contrato es esencial. Esto incluye correos electrónicos, memorandos y acuerdos previos.

La documentación adecuada en contratos y acuerdos deportivos tiene un impacto significativo en la carrera deportiva pues proporciona una protección sólida de los intereses y derechos de todas las partes involucradas.

Además, refleja un alto nivel de profesionalismo y seriedad en el deporte, lo que puede fortalecer la reputación y las relaciones profesionales.

Y sobre todo logra la prevención de conflictos, ya que minimiza la posibilidad de conflictos y disputas futuras al establecer claramente las expectativas.

Citas de investigaciones científicas:

1. Según un artículo en **el Journal of Sports Economics** (2017), la documentación adecuada en contratos deportivos es un factor crucial para la gestión eficaz de acuerdos y la prevención de disputas.

2. "**Sports Law and Regulation**" de Matthew Mitten et al. (2018) destaca la importancia de la documentación en contratos deportivos como una práctica estándar en la industria deportiva.

Responsabilidades y obligaciones

Es necesario que el deportista comprenda lo que se espera de ambas partes en un contrato.

La comprensión clara de las responsabilidades y obligaciones en un contrato deportivo es esencial para establecer una base sólida en las relaciones profesionales. Aquí se resaltan las razones fundamentales de por qué este aspecto es crucial:

1. Prevención de malentendidos: Un contrato bien definido y documentado establece las expectativas concretas de ambas partes, lo que reduce la posibilidad de malentendidos y conflictos.

2. Profesionalismo: Demuestra un alto nivel de profesionalismo y seriedad en el deporte, lo que es esencial para construir relaciones sólidas y duraderas en la industria deportiva.

3. Garantía de cumplimiento: Al identificar claramente las responsabilidades, se aumenta la probabilidad de que ambas partes cumplan con sus compromisos, lo que contribuye a relaciones de confianza.

Para lograr una comprensión efectiva de las responsabilidades y obligaciones, es esencial seguir estos pasos clave:

1. Definir los roles: Identificar y definir claramente los roles y funciones de cada parte en el contrato. Esto incluye deberes específicos, plazos y alcance.

2. Establecer expectativas claras: Detallar las expectativas y estándares de rendimiento esperados de ambas partes. Cuanto más precisas sean estas expectativas, menos margen habrá para confusiones.

3. Incluir cláusulas de cumplimiento: Incorporar cláusulas de cumplimiento y penalizaciones por incumplimiento en el contrato. Esto incentiva a ambas partes a cumplir con sus compromisos.

La comprensión de las responsabilidades y obligaciones en un contrato deportivo es esencial para la construcción de relaciones duraderas. Establecer claridad en las responsabilidades ayuda a construir relaciones sólidas y duraderas entre deportistas, equipos, entrenadores y patrocinadores.

Contribuye a una atmósfera de confianza y profesionalismo en la industria deportiva, lo que es esencial para el crecimiento y el éxito.

Minimiza los riesgos de conflictos y disputas al establecer un terreno común y expectativas claras.

Citas de investigaciones científicas:

1. Según un estudio en **el International Journal of Sports Science & Coaching** (2019), la comprensión

clara de las responsabilidades y obligaciones en contratos deportivos es un factor clave para el éxito y la sostenibilidad en la industria deportiva.

2. **"Sports Business Management: Decision Making around the Globe"** de Linda Trenberth y David Hassan (2017) destaca la importancia de la definición precisa de roles y responsabilidades en la gestión de contratos deportivos.

Negociación de contratos

Cómo negociar términos justos y favorables en un contrato es una tarea compleja, ya que sobre ello se juega proyecciones, intereses y objetivos personales y profesional. Claro está que este capítulo lo que busca es orientar al deportista principiante las pautas generales para este propósito que son:

1. Maximizar el valor: Una negociación efectiva permite a las partes involucradas obtener el máximo valor de un contrato, lo que puede traducirse en mejores condiciones económicas, oportunidades y beneficios adicionales.

2. Proteger intereses: La habilidad de negociación permite proteger los intereses y derechos de los deportistas y otras partes involucradas, asegurando que el contrato sea equitativo y cumpla con sus objetivos.

3. Establecer relaciones positivas: Una negociación justa y efectiva contribuye a establecer relaciones positivas y de confianza entre todas las partes, lo que puede ser fundamental para el éxito a largo plazo.

Para lograr una negociación exitosa en contratos deportivos, es importante seguir estos pasos:

1. Investigación previa: Antes de iniciar la negociación, es fundamental investigar y comprender completamente los términos y condiciones que se están discutiendo, así como tener conocimiento de los estándares en la industria.

2. Establecer objetivos claros: Definir objetivos claros y realistas antes de comenzar la negociación ayuda a mantener el enfoque en lo que es verdaderamente importante.

3. Comunicación efectiva: Mantener una comunicación efectiva y abierta con todas las partes involucradas es esencial para garantizar que las expectativas sean comprendidas y abordadas.

4. Flexibilidad y creatividad: La negociación a menudo requiere flexibilidad y creatividad para encontrar soluciones mutuamente beneficiosas, en lugar de mantenerse rígido en posiciones fijas.

Los deportistas y profesionales del deporte deben negociar contratos, acuerdos de patrocinio y otros acuerdos a lo largo de sus carreras. La capacidad de negociar de manera efectiva puede marcar una gran diferencia en los términos y condiciones obtenidos, nuestra empresa pone a disposición el servicio de asesoría en negociaciones y legal para temas especificos.

Los agentes deportivos y representantes también deben negociar en nombre de sus clientes, lo que requiere habilidades de negociación sólidas para maximizar las oportunidades.

La negociación efectiva contribuye a establecer relaciones de trabajo positivas y a largo plazo en el mundo deportivo, lo que puede tener un impacto significativo en el éxito y la trayectoria de una carrera.

Citas de investigaciones científicas:

1. Un estudio publicado en el **Journal of Sport Management** (2018) resalta la importancia de la habilidad de negociación en el deporte profesional y cómo puede influir en el bienestar económico y profesional de los deportistas.

2. "**Negotiating Successfully in Sport and Exercise Settings**" de Philip J. Sullivan y John F. Christensen (2014) proporciona una visión en profundidad sobre las estrategias de negociación específicas aplicables en el contexto deportivo.

Protección legal

La protección legal es esencial en el mundo del deporte debido a las complejidades y riesgos asociados con los contratos y acuerdos. A continuación, se detallan las razones clave por las que es necesario consultar a un abogado antes de firmar cualquier contrato deportivo:

1. Complejidad de los contratos: Los contratos deportivos suelen ser documentos legales complejos que contienen cláusulas y disposiciones que pueden tener implicaciones significativas en la carrera de un deportista. Un abogado especializado en deportes puede ayudar a entender completamente los términos.

2. Protección de derechos: Un abogado puede asegurarse de que los derechos del deportista estén protegidos en el contrato. Esto incluye aspectos como la duración del contrato, las compensaciones, los derechos de imagen y cualquier cláusula restrictiva.

3. Cumplimiento legal: Garantizar que el contrato cumpla con las leyes y regulaciones aplicables es esencial para evitar problemas legales futuros. Un abogado puede verificar que el contrato sea legal y ético.

4. Negociación efectiva: Un abogado especializado puede ser un defensor efectivo en las negociaciones, ayudando al deportista a obtener condiciones más favorables y justas en el contrato.

Para obtener la mejor protección legal en el deporte, le recomendamos nuestra asesoría legal en donde un tendrá un abogado con experiencia en deportes que comprenda las complejidades y desafíos del mundo

deportivo. Además, revisará el contrato minuciosamente, destacando áreas de preocupación y asegurándose de que los términos sean justos y equitativos.

Citas de investigaciones científicas:

1. Un estudio publicado en el **Journal of Sports Science & Medicine** (2019) examina la importancia de la asesoría legal en el deporte profesional y cómo puede prevenir problemas legales costosos.

2. "**Legal Aspects of Sports**" de David McArdle (2019) ofrece una visión en profundidad de los aspectos legales relacionados con el deporte y la necesidad de protección legal en la industria deportiva.

Representación deportiva

Estimado deportista imagina que estás en el punto de partida de tu carrera deportiva, lleno de sueños y aspiraciones, pero también enfrentando un mundo de desafíos legales y decisiones cruciales que determinarán tu destino. En este emocionante capítulo, te invitamos a explorar el fascinante y a menudo subestimado mundo de la representación en el deporte.

Desde las canchas hasta los estadios, desde las pistas hasta los gimnasios, cada paso que des en tu camino hacia el éxito profesional puede verse influenciado por decisiones legales. La elección de contar con un representante legal competente y saber cómo seleccionarlo adecuadamente puede marcar la diferencia entre una carrera exitosa y una llena de obstáculos.

En estas páginas, te sumergirás en el conocimiento necesario para comprender por qué contar con representación legal es una necesidad en el mundo deportivo actual. Explorarás las complejidades legales que rodean tu carrera y aprenderás cómo un abogado especializado puede convertirse en tu aliado más valioso.

Así que, deportista apasionado, prepárate para explorar el emocionante mundo de la representación deportiva legal. Este capítulo te brindará la perspicacia y la inspiración necesarias para tomar decisiones informadas y asegurarte de que tu carrera deportiva esté respaldada por un equipo legal sólido. Tu futuro está lleno de posibilidades, y estamos aquí para ayudarte a aprovecharlas al máximo.

Elección de un representante

La elección de un representante legal en el deporte es una decisión de gran importancia que puede tener un impacto significativo en la carrera y el bienestar financiero de un deportista. Los siguientes pasos son esenciales para seleccionar un abogado o representante adecuado:

1. Identificación de especialización: Buscar un abogado o representante que se especialice en el ámbito deportivo. La experiencia en casos y contratos deportivos es fundamental.

2. Reputación y antecedentes: Investigar la reputación y el historial del representante en la industria deportiva. Las referencias y testimonios de otros deportistas pueden ser valiosos.

3. Conexiones y redes: Evaluar las conexiones y redes del representante en la industria del deporte. Una red sólida puede abrir puertas y oportunidades.

4. Comunicación y transparencia: Establecer una comunicación clara y transparente con el representante. Es fundamental que el deportista comprenda completamente los términos y condiciones de cualquier contrato.

Las recomendaciones profesionales son las siguientes:

- Entrevistas múltiples: Realizar entrevistas con varios abogados o representantes para comparar sus enfoques, conocimientos y personalidades.

- Contrato claro: Asegurarse de que el contrato con el representante sea claro y detallado, incluyendo las tarifas y comisiones.

La elección de un representante legal adecuado en el deporte es vital para garantizar que los intereses y derechos del deportista estén protegidos. Un representante efectivo puede negociar contratos más favorables, manejar disputas legales y proporcionar asesoramiento en todas las facetas de la carrera deportiva. La falta de un representante adecuado puede llevar a situaciones adversas y pérdida de oportunidades.

Citas de investigaciones científicas:

1. Un estudio publicado en el **Journal of Sports Law & Contemporary Problems** (2020) examina la importancia de la representación legal en el deporte y su impacto en la toma de decisiones de los deportistas.

2. El libro "**Sports Law**" de Michael Beloff QC (2021) ofrece una visión en profundidad de las consideraciones legales en el deporte y la importancia de contar con representación legal adecuada.

Rol del representante

Un representante legal en el deporte desempeña un papel crítico en la carrera de un deportista, y comprender sus responsabilidades y funciones es esencial. A continuación, se destacan los principales roles de un representante en el deporte:

1. Negociación de contratos: Uno de los roles más destacados de un representante es la negociación de contratos en nombre del deportista. Esto incluye contratos de patrocinio, contratos de equipo, acuerdos de imagen, y más. El representante debe asegurarse de que los términos sean justos y beneficiosos para el deportista.

2. Gestión de finanzas: Los representantes a menudo administran las finanzas del deportista, incluyendo ingresos, gastos y planificación financiera a largo plazo. Esto garantiza que el deportista tome decisiones financieras informadas y se asegura de que su patrimonio esté bien cuidado.

3. Asesoramiento legal: Los representantes proporcionan asesoramiento legal en asuntos relacionados con el deporte, como disputas contractuales, cuestiones de propiedad intelectual y casos de disciplina deportiva. Su experiencia legal es valiosa para proteger los intereses del deportista.

4. Planificación de carrera: Un representante trabaja en estrecha colaboración con el deportista para planificar su carrera a largo plazo. Esto puede incluir decisiones estratégicas sobre competencias, patrocinios y desarrollo profesional. Si bien esto requiere una revisión más completa que lo haremos en el libro de Elevando tu carrera deportiva que es para deportistas avanzados.

5. Gestión de imagen: Ayudar al deportista a mantener y mejorar su imagen pública es otro rol crucial. Esto involucra la gestión de relaciones públicas, estrategias de marketing y manejo de redes sociales.

En la actualidad no es posible que un representante cumpla con todas estas funciones, dentro de PRO tenemos claro que su rol fundamental debe ser la negociación o sea nos referimos a que debe poner todo su esfuerzo en la negociación de contratos, para dejar en manos de otros profesionales el trabajo restante como es la planificación financiera, asesoramiento legal, planificación de la carrera y la gestión de imagen.

Mantener una comunicación abierta y efectiva con el representante es esencial. El deportista debe estar al tanto de todas las decisiones y acciones relacionadas con su carrera.

Es recomendable que el deportista realice evaluaciones periódicas del desempeño de su representante para asegurarse de que esté cumpliendo con sus responsabilidades de manera efectiva.

Comprender el rol del representante deportivo es de suma importancia para cualquier deportista. Un representante competente puede marcar la diferencia en la toma de decisiones estratégicas, la protección de los derechos del deportista y la maximización de oportunidades financieras.

Citas de investigaciones científicas:

1. Un estudio publicado en el **International Journal of Sports Science & Coaching** (2019) examina la influencia de los representantes en la toma de decisiones financieras de los deportistas y su impacto en la gestión financiera eficiente.

2. El libro "**Sports Agents and Labor Markets**" de Stephen F. Ross y Stefan Szymanski (2009) ofrece un análisis profundo del papel de los representantes en la industria deportiva y su importancia en la carrera de los deportistas.

Protección de intereses

Un representante deportivo puede y debe defender los derechos y beneficios del deportista. De forma que la protección de los intereses de un deportista en el deporte es una de las principales responsabilidades de un representante. Aquí se resaltan los aspectos clave de este importante papel:

1. Negociación de contratos: Un representante legal se encarga de negociar contratos en nombre del deportista, asegurándose de que los términos sean justos y equitativos. Esto incluye contratos de patrocinio, contratos de equipo y acuerdos de imagen.

2. Defensa de derechos de propiedad intelectual: El representante protege los derechos de propiedad intelectual del deportista, como marcas registradas, derechos de autor y patentes. Esto es crucial para evitar la explotación no autorizada de la imagen del deportista.

3. Resolución de disputas: En caso de disputas contractuales o legales, el representante actúa como defensor del deportista. Su experiencia legal es fundamental para resolver conflictos de manera eficaz. Ahora bien, en la actualidad es común la contratación de un abogado especializado con este fin.

Es de esta manera que entre las recomendaciones profesionales de este tema es la selección cautelosa del representante. Elegir un representante legal competente y ético es crucial. Se debe investigar cuidadosamente antes de tomar una decisión.

La protección de intereses en el deporte es de suma importancia para los deportistas, ya que les brinda la seguridad de que sus derechos y beneficios están debidamente resguardados. Un representante legal competente es esencial para garantizar que el deportista no sea explotado y pueda concentrarse en su rendimiento deportivo.

Citas de investigaciones científicas:

1. Un estudio publicado en **el Journal of Sports Economics** (2017) analiza el impacto de la representación legal en la protección de los derechos de los deportistas y la optimización de sus ingresos.

2. El artículo "**Legal and Ethical Issues in Sports Marketing**" de Brenda G. Pitts y James J. Zhang (2015) explora las implicaciones legales en la comercialización de deportistas y la importancia de la representación legal en esta área.

3. Un estudio publicado en el **International Journal of Sport Finance** (2018) examina la influencia de los agentes deportivos en las negociaciones contractuales y su impacto en los ingresos de los deportistas.

4. El artículo "**Contract Negotiation and Management in the National Football League: A Look at the Differences between Negotiating Rookie Contracts and Veteran Contracts**" de Michael Kraten (2016) analiza las complejidades de las negociaciones contractuales en la NFL y cómo los representantes legales desempeñan un papel fundamental.

Asesoramiento legal

Como dijimos anterior-
mente lo mejor es que el representante consulte con un abogado para tomar decisiones informadas, se puede pedir al representante que consulte a
nuestra empresa para una asesoría legal de este tipo.

El asesoramiento legal es una parte fundamental de la representación deportiva y aborda diversas
áreas, como contratos, derechos de imagen, propiedad intelectual y resolución de disputas. A continuación, se destacan los aspectos más relevantes de este
subcapítulo:

1. Consultar con un abogado: Los deportistas,
especialmente los principiantes, deben consultar con
un abogado especializado en derecho deportivo para
obtener orientación legal adecuada.

2. Toma de decisiones informadas: Un abogado deportivo ayuda a los deportistas a tomar decisiones informadas sobre contratos, acuerdos de patrocinio y otros aspectos legales relacionados con su carrera.

3. Protección de derechos: Los abogados deportivos desempeñan un papel crucial en la protección de los derechos legales de los deportistas, como sus derechos de imagen y propiedad intelectual.

Citas de investigaciones científicas:

1. Un estudio publicado en el **Journal of Legal Aspects of Sport** (2020) examina la importancia de la representación legal en la industria deportiva y cómo puede influir en el éxito y la protección de los deportistas.

2. El artículo "**Legal Counsel and Athlete Endorsements: A Survey of Marketing and Legal Professionals**" de Marisa A. Coulter (2019) analiza la relación entre el asesoramiento legal y las decisiones de patrocinio de los deportistas.

Epílogo

Ha sido un viaje emocionante recorrer juntos El camino hacia el éxito deportivo. A lo largo de este libro, hemos explorado los pilares fundamentales que sustentan una carrera exitosa en el mundo del deporte. Desde cultivar una mentalidad ganadora hasta dominar las habilidades técnicas, desde forjar relaciones sólidas hasta gestionar contratos profesionales, hemos abordado cada aspecto crucial con dedicación y pasión.

Pero más allá de las estrategias y consejos, lo más importante que espero que hayas llevado con nosotros es la creencia inquebrantable en tu potencial y la confianza en tu capacidad para alcanzar tus sueños.

A medida que cierres este libro, recuerda que el éxito no es un destino final, sino un viaje continuo de crecimiento y aprendizaje. Los desafíos que enfrentas en tu carrera son oportunidades para fortalecerte, para demostrar tu resiliencia y para superar tus propios límites.

Me siento particularmente honrado de haber sido parte de tu viaje hacia el éxito deportivo. Permíteme ser el primero en felicitarte por todo lo que has logrado hasta ahora y por todo lo que estás destinado a lograr en el futuro. Mantén encendida la llama de la pasión, sigue persiguiendo tus sueños con determinación y recuerda siempre que el verdadero éxito radica en el viaje mismo.

Dr. Ab. Paulo César
Morocho E.
**CEO DE ASOCIACION
GLOBAL DE DEPORTES INC**

www.ingramcontent.com/pod-product-compliance
Lightning Source LLC
Chambersburg PA
CBHW071934150726

47999CB00001B/210